영단어는 어원이다
실력편

이문필

오클라호마(Oklahoma) 주립대 대학원을 졸업하였고, 주한미군 한국어 초빙강사, 한국외국어학원 강사를 역임하였다. 현재 Guess어학연구소 소장이다. 저서로는 『회화로 배우는 영작문』, 『별것 아닌 영어 쉽게 끝내려면』, 『편입영어 스피드 완성』, 『어디서나 통하는 여행영어』, 『Good Morning 표현 영어』, 『태평양에서 막 건져낸 영어회화』, 『태평양에서 막 건져낸 영문법』, 『영문법 출제공식 307』, 『미국식 구어 영어회화 5000』, 『10년해도 안되는 영어회화 첫걸음』, 『무조건 하면된다 아줌마 영어회화 첫걸음』, 『프리토킹에 자신감을 주는 토론 영어』, 『오바마 베스트 연설문』, 『스피킹에 강해지는 프리토킹 영어』 외 다수가 있다.

영단어는 어원이다 (실력편)

초판 1쇄 인쇄 2019년 8월 19일
초판 1쇄 발행 2019년 8월 26일

편저 이문필
펴낸이 고정호
펴낸곳 베이직북스

주소 서울시 마포구 양화로 156, 1508호(동교동 LG팰리스)
전화 02) 2678-0455
팩스 02) 2678-0454
이메일 basicbooks1@hanmail.net
홈페이지 www.basicbooks.co.kr

출판등록 제 2007-000241호
ISBN 979-11-6340-029-5   13740

영단어는 어원이다

실력편

이다

이문필 편저

베이직북스

프롤로그

이 책은 전편 〈기초편〉과 〈기본편〉에서 언급한 약 380개(중복 제외)의 어근과는 별도로 새로운 200개의 어근을 소개하고 있습니다. 합계 580개의 어근을 모두 정복하면 평균적인 원어민 수준을 넘어서는 어휘력을 습득할 수 있습니다.

또한 각 장마다 연습문제를 풀며 암기한 단어들을 재확인할 수 있습니다. 이 책과 전편 두 권을 병행해서 학습한다면 어원을 활용하여 암기할 수 있는 영단어는 거의 완벽하게 익힐 수 있습니다.

어원 학습의 최대 장점은 무엇보다도 모르는 단어를 접했을 때 접두사, 접미사, 어근 등으로부터 그 단어의 의미를 유추할 수 있다는 점입니다. 예를 들어 다음 문장을 살펴봅시다.

> **Pandemonium broke out when the police announced the news.**

해석은 "경찰이 그 소식을 발표했을 때 판데모니엄이 일어났다."입니다. 이 문장에서 pandemonium이란 무엇일까요? 여러분 중에서도 뜻을 전혀 모르겠다는 분들이 많을 것입니다. 그러나 이 단어를 접두사, 어근, 접미사로 나누면 단숨에 그 뜻을 유추할 수 있을 것입니다. 퍼즐을 푸는 것 같은 느낌이 들지도 모르겠습니다. 자, 우선 단어 중에서 한 단어를 찾아보세요. 단어를 찾았다면 답은 이미 나온 것이나 마찬가지입니다.

여기서 찾아야 하는 단어란 demon(악마)을 일컫습니다.

접두사 pan은 미국 전역을 날았던 '팬암 항공(Pan American Airline)'에서 유추할 수 있듯 〈모든〉이라는 뜻입니다. 또한 태평양 주변 나라들이 모여서 치르는 대회는 '팬 퍼시픽(Pan Pacific)'이라고 합니다.

다음으로 접미사인 ium을 살펴봅시다. aquarium(수족관)「aqua(물) + ium」, planetarium(플라네타륨)「planet(행성) + ium」으로부터 〈장소〉를 나타낸다는 것을 알 수 있습니다.

즉, pandemonium이란 〈모든 악마가 모이는 장소〉로 해석할 수 있으며 이것으로부터 〈복마전〉혹은 〈대혼란, 무법지대〉라는 뜻을 가진다는 것을 알 수 있습니다.

pandemonium을 단순히 발음과 뜻으로만 외운 사람은 아마도 시간이 지나면 이 단어가 기억에서 사라져버릴 가능성이 많습니다. 하지만 어원으로 외운 사람은 단어를 잊어버릴 일이 없을 것입니다.

pandemonium = 〈각각의 악마가 제멋대로 행동하고 있는 상태〉의 이미지를 떠올려보세요.

단어를 어근별로 나눠서 좌뇌로 이해하면서 이미지를 떠올리면 우뇌에 각인되어 단어를 확실히 암기할 수 있게 됩니다.

지금까지 독자 여러분들은 영어 실력을 쌓기 위해 부단히 어휘를 암기하고 영문법을 익혀 왔을겁니다. 그러나 여전히 공부한 시간과 노력에 비하면 결코 만족할 수 없는 결과를 얻었을 것입니다. 왜 그럴까요? 영어 학습에 있어서 비효율적인 공부법을 선택했기 때문일 것입니다. 언어의 4기능인 듣기, 말하기, 읽기, 쓰기라는 영역에서 연계 학습도 고려되지 않았으리라 짐작됩니다.

독자 여러분들이 학습 능률을 효율적으로, 그리고 비약적으로 향상시키려면 영어의 특징이나 원리를 제대로 이해해야만 합니다. 바로 어원을 통한 영단어 암기가 그 시발점이라는 점을 기억하기 바랍니다. 성공적인 영어 학습이 이루어지길 기원해 봅니다.

2019년 8월
편저자

Contents

Chapter 2 접미사와 의성어로 유추하는 영단어

Chapter 3 자연에 관한 어근으로 유추하는 영단어

Chapter 4 명사의 뜻을 가진 어근 1

Chapter 9 차이를 나타내는 어근

어원학습법이
영단어 학습에 가장 효과적인 이유

본서에서 제시한 어원을 활용한 영단어 학습은 대단히 효율적이며, 효과적인 학습법입니다.

■ 어원 학습법은 영단어의 의미 유추의 실마리를 제공해 준다

어원 학습법이란 〈영단어를 파트별로 분해하고 파트의 뜻을 결합하여 그 단어의 의미를 이해하는 학습법〉을 말합니다.

한자가 방, 변, 관 등 여러 부분으로 구성되어 있듯이 영단어 또한 파트별로 나눌 수 있습니다.

여기서 말하는 파트란 단어 앞에 오는 '접두사', 중간에 오는 '어근', 끝에 오는 '접미사'로 분류됩니다. 접두사, 접미사를 함께 일컬어 '접사'라고 합니다. 접사와 어근의 지식을 활용하면 체계적이고 합리적으로 어휘를 습득할 수 있습니다.

예를 들어 injection(주사)이라는 영단어는 다음과 같이 분해할 수 있습니다.

| injection | = | in「안에」 + ject「던지다」 + tion「명사형 접미사」 | ➡ | 주사 |

전치사 in으로 추측할 수 있듯이 접두사 in/im-에는 〈안에〉라는 뜻이 있습니다. 예를 들면

- induce (안으로 이끌어 들이다 ⇨ 설득하여 ~시키다, 야기하다)
- include (안에 가두다 ⇨ 포함하다)
- involve (안으로 돌다 ⇨ 포함하다, 말려들게 하다)
- import (안에 운반하다 ⇨ 수입하다)

등과 같이 in/im-이 사용되는 단어에는 〈안에〉라는 뜻이 포함되어 있습니다.

injection의 어근인 ject에는 〈던지다〉라는 뜻이 있습니다. ject를 포함하는 단어에는

- project (pro「앞에」 + ject「던지다」⇨ 앞에 비추다 ⇨ 투영하다)
- subject (sub「밑에」 + ject「던지다」⇨ 복종시키다; 국민)
- reject (re「뒤에」 + ject「던지다」⇨ 되던지다 ⇨ 거절하다)
- eject (e「밖에」 + ject「던지다」⇨ 낙담시키다)

등이 있으며 모두 〈던지다〉에서 뜻을 유추할 수 있습니다.

injection의 -tion은 명사를 만드는 접미사로 -tion이 포함되는 단어로는

● move ⇨ motion

● promote ⇨ promotion

● motivate ⇨ motivation

● suggest ⇨ suggestion

등이 있습니다. 이처럼 영단어를 접사와 어근으로 분해해서 뜻을 외우는 테크닉이 어원 학습법입니다.

■ 어원 학습법과 〈연상 암기법〉은 영단어 학습의 필수 요소이다

어원 학습법은 왜 효과적일까요? 지금부터 〈연상 암기법〉이라는 관점에서 생각해 봅시다.

영단어를 공부할 때, 〈deny = 부정하다〉와 같이 영단어와 한국어로 번역한 뜻을 함께 외우는 것이 일반적입니다. 이처럼 무작정 외우는 암기법은 단시간에 많은 단어를 외울 수 있긴 하지만, 장기적으로 기억하는 데는 그다지 효과가 없습니다. 그렇다면 한 번 익힌 영단어를 잊지 않고 오랫동안 기억하려면 어떻게 하면 좋을까요?

영단어를 잊어버리지 않기 위한 포인트는 바로 〈연상 암기법〉이라고 할 수 있습니다. 연상 암기법이란 '영단어와 한국어 뜻을 다른 내용과 연관시켜 외우는 기억법'입니다. 예를 들어 〈orphan = 고아〉라는 지식을 "오빠 고아로 자랐습니다."와 같이 영단어의 발음과 뜻을 문장으로 만들어서 외우는 것도 연상 암기법의 한 가지 예입니다.

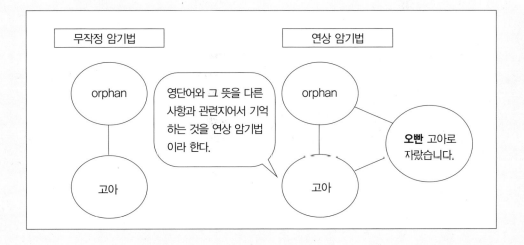

■ 〈연상 암기법〉은 왜 효과적일까?

연상 암기법는 왜 무작정 외우는 것보다 효과적일까요? 앞에서 살펴봤던 orphan이라는 단어를 예로 들어 연상 암기법의 효용을 생각해봅시다. 먼저 그림을 봅시다.

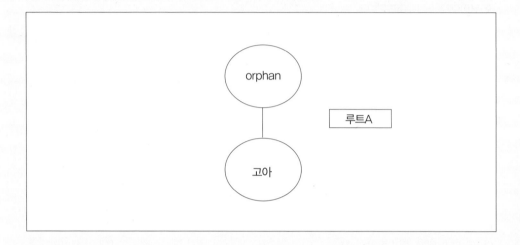

위의 그림에서는 〈orphan〉과 한국어 뜻이 무작정 암기법으로 연결되어 있습니다. 영단어와 한국어 뜻 사이의 링크(루트A)가 유효한 동안에는 〈orphan〉이라는 영단어로부터 뜻을 떠올릴 수가 있습니다. 그러나 링크가 끊어지면, 한국어 뜻이 떠오르지가 않습니다.

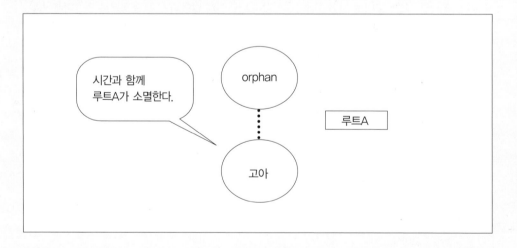

이럴 때 편리한 것이 바로 '영단어의 발음과 의미를 한국어로 서로 연관시켜 외우는 기억법'입니다.

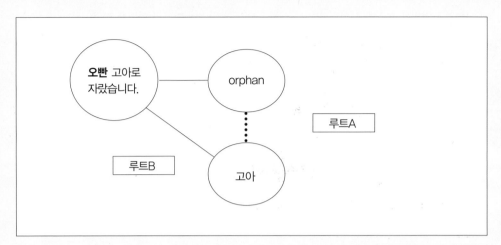

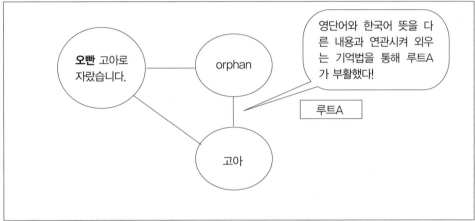

〈orphan = 고아〉로 무작정 암기하면 시간이 흐를수록 기억에서 서서히 사라져버리고 맙니다. 그러나 "오빠 고아로 자랐습니다."라는 문장으로 외우면 orphan이라는 단어는 다른 루트(루트B)를 통해 한국어 뜻에 도달하게 됩니다. 이처럼 영단어의 발음과 의미를 한국어로 서로 연관시켜 외우면 기억 속에서 사라져버린 영단어와 한국어 뜻의 연결고리를 부활시킬 수 있습니다.

이렇게 앞에서 살펴봤던 메커니즘에 의해 연상 암기법을 활용하면 무작정 암기를 하는 것보다 더 오랫동안 머릿속에 남게 됩니다. 연상 암기법의 예로 다음과 같은 방법들이 있습니다.

① 외래어와 연관시켜 외우기

② 예문으로 외우기

③ 관용구로 외우기

④ 자신의 경험과 연관시켜 외우기

⑤ 관련어(동의어, 파생어, 반의어)와 함께 외우기

①~⑤의 기억법은 각각 독자적인 방법들로 보이지만 '영단어의 발음과 의미를 한국어로 서로 연관시켜 외우는 기억법'이라는 공통점을 가지고 있습니다. 즉, 연결고리를 형성하는 대상이 〈외래어〉, 〈관용구〉, 〈경험〉이라는 차이점은 있으나 모두 연상 암기법의 원리를 이용한 기억법입니다.

■ 어원 학습법은 연상 암기법을 촉진시킨다!

이 책에서 살펴볼 어원 학습법도 바로 〈연상 암기법〉의 한 방법입니다. 예를 들어 injection이라는 영단어의 뜻을 잊어버렸다고 하더라도 〈in = 안에〉, 〈ject = 던지다〉, 〈tion = 명사〉라는 어원의 의미를 기억하고 있다면 이들을 단서로 injection의 뜻을 기억해 낼 수 있습니다.

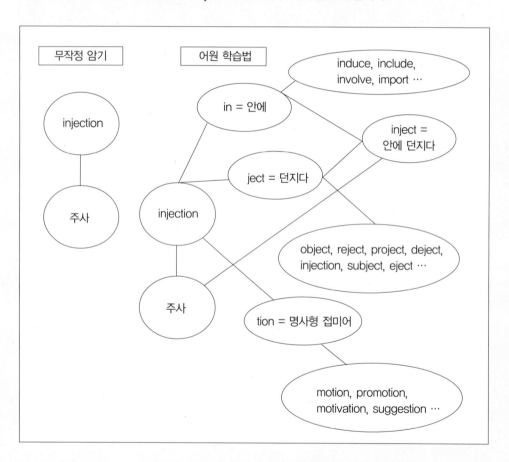

18

■ 어원 학습법은 강력한 연상 암기법 테크닉이다!

여러 연상 암기법 테크닉 중에서도 어원 학습법은 특히 학습 효과가 좋은 방법입니다. 예를 들어 '영단어의 발음과 의미를 한국어로 서로 연관시켜 외우는 기억법'으로 1,000단어를 학습하려면 1,000개의 문장을 외워야 합니다. 또 이 방법에는 문장 만들기나 암기에 많은 시간이 걸리는 것을 고려하면 그다지 효율적인 학습법이라고 보기 어렵습니다.

그러나 어원 학습법은 한 개의 접사와 어근의 의미를 습득하면 복수의 단어를 학습할 수 있는 실마리를 얻을 수가 있습니다. 예를 들어 〈ject = 던지다〉를 외워두면 object, reject, project, deject, injection, subject, eject 등 많은 단어를 학습할 수 있는 힌트가 됩니다. 한 개의 접사와 어근으로 부터 복수의 단어를 학습할 수 있는 힌트를 얻을 수 있다는 점은 어원 학습법의 수많은 연상 암기법 테크닉 중에서도 특히 강력한 방법이라고 할 수 있습니다.

어느 연구에 의하면 어떤 14개의 영단어에 포함되어 있는 34개의 접사와 어근의 의미를 학습하면 14,000개 이상의 영단어의 뜻을 추측할 수 있는 실마리를 얻을 수 있다고 합니다. 상세한 내용은 전편《영단어는 어원이다》〈기초편〉과 〈기본편〉에 제시되어 있는 학습법을 참고하세요. 이 데이터로 부터 어원 학습법이 얼마나 효율적인 연상 암기법 테크닉인지를 알 수 있습니다.

■ 어원 학습법으로 생소한 단어의 뜻을 추측할 수 있다!

어원 학습법에는 연상 암기법을 촉진하는 것 말고도 큰 장점이 더 있습니다. 그것은 리딩과 리스닝으로 접한 '생소한 단어의 뜻을 추측하는 힌트'가 된다는 것입니다. 예를 들어 deject라는 단어의 뜻을 모르더라도 de와 ject의 뜻에서 deject의 뜻을 추측할 수 있습니다.

〈오빠 고아로 자랐습니다.〉라는 문장을 기억했다고 하더라도 orphan 이외의 단어의 뜻은 추측할 수가 없습니다. 처음 접한 영단어의 뜻을 추측할 수 있는 힌트를 제공한다는 것은 어원 학습법만의 장점입니다.

어원으로 영단어의 뜻을 유추하는 과정에서 저절로 암기력이 향상되는 원리에 대해서는 충분히 이해되었을 것으로 봅니다. 또 한편으로는 독자 여러분께서 소리(음성) 이미지를 통해서도 영단어의 의미를 받아들이는 훈련을 지속적으로 이행해야만 합니다.

어원 학습법 실전편
어원학습법을 성공시키기 위한 방법

효과적으로 어원 학습법을 익히려면 다음 3가지 스텝을 따라합시다.

스텝 1 기본적인 접사와 어근의 의미를 학습하자

어원 학습을 하기 위해서는 먼저 기본적인 접사와 어근의 의미를 학습해야 합니다. 접사나 어근의 의미를 학습한 후에 외래어나 이미 알고 있는 단어를 토대로 외우는 방법이 효과적입니다.

예를 들어

- finish는 '끝마치다'라는 뜻이므로 〈fin = 끝〉
- pendant(펜던트)는 목에 늘어뜨린 장식이므로 〈pend = 매달리다〉
- century(세기)는 100년간을 뜻하므로 〈cent = 100〉
- manicure(매니큐어)는 '손에 바르는 것'
- manual은 '손의'라는 뜻이므로 〈manu = 손〉
- tractor는 '견인차'이므로 〈tract = 끌다〉

등과 같이 외래어나 이미 알고 있는 단어를 토대로 어원 학습을 하면 수많은 접사와 어근을 효율적으로 학습할 수 있습니다.

이 책을 포함한 《영단어는 어원이다》 시리즈에는 pendant(펜던트)나 manicure(매니큐어)와 같은 단어들을 발판으로 삼아 접사와 어근의 뜻을 어려움 없이 학습할 수 있도록 구성되어 있습니다.

이 책은 스텝 1을 실천하는 데 큰 도움이 될 것입니다.

스텝 2 리스닝과 리딩에서 접할 수 있는 영단어의 어원을 찾아보자

스텝 1에서 기본적인 접사와 어근의 뜻을 외웠다면 리스닝과 리딩에서 접할 수 있는 모르는 영단어의 어원을 살펴보는 것도 좋은 방법입니다. 이때 〈어원사전〉 등을 활용하면 편리합니다.

어원사전에서 mobile이라는 단어를 찾아보면 automobile, emotion, motion, move, promotion, remote, remove 등과 같이 mobile과 공통된 어근(= mot / mob / move 「움직이다」)을 가진 단어가 나옵니다. automobile(스스로 움직일 수 있다 → 자동차), promotion(앞으로 움직이는 것 → 승진)처럼 아무런 관계도 없어 보이는 단어에 공통된 어원이 숨어 있다는 놀라운 사실을

발견할 수 있습니다.

영단어학습은 무미건조하고 따분하다는 이미지로 인식된다는 사실은 부정할 수가 없습니다. 그러나 어원을 의식하고 공부한다면 영단어 학습은 합리적이고 흥미로운 지적 활동이 될 것입니다.

〈무미건조해지기 쉬운 단어학습을 흥미 있는 발견의 연속으로 변화시킨다는 점〉이 어원 학습법의 숨겨진 또 하나의 장점입니다.

스텝 3 필수 어휘는 쓰임새와 활용에 중점을 두자

영단어는 문장을 구성하는 기본적인 요소로써 의미적인 측면과 어법적인 측면을 동시에 충족할 때 비로소 영단어 본래적 기능에 충실할 수 있습니다.

따라서 명사와 형용사는 접두어나 접미어를 어근의 앞과 뒤에 붙여서 파생어를 양산함과 동시에 유사어나 반의어를 끊임없이 만들어 어휘마다 지닌 뉘앙스를 더욱 풍부하고 다양하게 표현하도록 도움을 주고 있습니다.

독자 여러분께서 학습하고 있는 영단어의 의미와 뜻을 단편적이고 맹목적으로 암기할 것이 아니라 문장의 상황이나 어법에 따라 얼마든지 다양하게 사용될 수 있으므로 문장 속에서 활용되는 쓰임새에 유의할 필요가 있습니다.

.
.
.

You
can
do
it!

접두사로 유추하는 영단어

01 a- (~쪽으로) 1

allure는 〈a(l)(~쪽으로) + lure(미끼)〉에서 '유인하다' 라는 뜻이 된다.

---

amaze
[əméiz]

어원 a「~쪽으로」+maze「미로」 ⟳ 「미로 쪽으로」 ⟳ (안에 들어가서 헤매다)
⟳ 몹시 놀라게 하다
amazement 명 놀람
amazing 형 놀랄 만큼, 굉장하게

We were amazed by his generosity.
우리는 그의 관대함에 매우 놀랐다.

---

allure
[əlúər]

어원 a(l)「~쪽으로」+lure「미끼」 ⟳ (물고기가 미끼 쪽으로 가다)
명 매력 동 유혹하다

At 55, she had lost none of her sexual allure.
쉰다섯에도 그녀는 성적인 매력을 전혀 잃지 않았다.

---

allot
[əlát]

어원 a(l)「~쪽으로」+lot「몫」
동 분배하다, 할당하다
allotment 명 분배, 할당

He couldn't finish the test within the time alloted.
그는 할당된 시간 내에 테스트를 끝낼 수가 없었다.

---

abridge
[əbrídʒ]

어원 a「~쪽으로」+bridge「다리」 ⟳ (다리를 건너서 반대편으로 가다)
동 단축하다, 생략하다
abridgement 명 요약판, 발췌

This is an abridged version of his latest novel.
이것은 그의 최신 소설의 요약판이다.

★ abroad : 국외로 ★ ahead : 앞쪽에 ★ ashore : 해변에 ★ aboard : 배에

02 a- (~쪽으로) 2

arrive는 〈a(r)(~쪽으로) + rive(r) (강)〉에서 '도착하다'는 뜻이 된다.

---

accuse
[əkjúːz]

어원 a(c)「~쪽으로」+cuse「이유」 ◎ (해명을 요구하다)
동 비난하다, 고소하다
accusation **명** 고소, 고발, 비난

They **accused** me of lying.
그들은 나를 거짓말쟁이라고 비난했다.

---

abet
[əbét]

어원 a「~쪽으로」+bet「내기」 ◎ (~에게 내기를 해서 부추기다)
동 선동하다, (범죄 등을) 부추기다

The riot was aided and **abetted** by the police.
그 폭동은 경찰에 의해 지원되고 선동된 것이었다.

---

arrest
[ərést]

어원 a「~쪽으로」+rest「정지하다」 ◎ (정지하게 하는 쪽으로)
동 구속하다, (진행을) 정지시키다
명 구속, 정지

The riot was sparked off by the **arrest** of a local leader.
그 폭동은 지역 리더의 체포가 발단이 되었다.

---

appall
[əpɔ́ːl]

어원 a「~쪽으로」+pal(e)「창백한」 ◎ (창백해진 쪽으로) ◎ (얼굴이 창백해지다)
동 오싹하게 하다, 질리게 하다
appalling **형** 소름끼치는, 형편없는

My wife is an **appalling** cook.
아내의 요리는 형편없다.

03 em- (~의 안에)

자동차의 emblem은 〈em(안에) + blem(던지다)〉에서 '상징적(인 모양)'이라는 뜻이 된다.

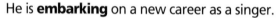

embark
[embá:rk]

어원 em「안에」 + bark「배」 ⊙ (배를 타다)
동 승선하다, 착수하다
embarkation 명 승선
disembarkation 명 하선

He is **embarking** on a new career as a singer.
그는 가수로서 새로운 인생을 시작하려고 준비 중이다.

embrace
[embréis]

어원 em「안에」 + brace「팔」 ⊙ (팔 안에)
동 포옹하다, 포함하다

I opened my arms wide to **embrace** her.
나는 양팔을 크게 벌려 그녀를 포옹했다.

embody
[embádi]

어원 em「안에」 + body「몸」 ⊙ (몸 안에)
동 구체화하다, 형태를 부여하다
embodiment 명 구체화, 구현

My opinions are all **embodied** in this book.
나의 의견은 모두 이 책에 구체적으로 표현되어 있다.

embed
[imbéd]

어원 em「안에」 + bed「침대」
동 깊숙이 박다

The bullet **embedded** itself in the wall.
탄환이 벽에 깊숙이 박혔다.

★ embargo : 출[입]항 금지 ★ embarrass : 어리둥절하게 하다, 당황하다

04 en- (~의 안에)

enjoy는 〈en(~안에) + joy(즐거움)〉에서 '즐기다' 라는 뜻이 된다.

enlist
[enlíst]

어원 en「안에」 +list「목록」 ◐ (목록에 넣다)
- 图 입대시키다, 입대하다
- **enlistment** 图 입대, 병적기간

He was enlisted into the US Navy.
그는 미 해군에 입대했다.

entrap
[entrǽp]

어원 en「안에」 +trap「덫」 ◐ (덫에 넣다)
- 图 덫에 걸리게 하다, 함정에 빠뜨리다

I felt he was trying to entrap me.
나는 그가 나를 함정에 빠뜨리려 했었다고 느꼈다.

encounter
[enkáuntər]

어원 en「안에」 +counter「반대」 ◐ (부닥쳐서 안에 들어가다)
- 图 우연히 만나다, 부닥치다 图 마주침, 충돌

She is the most beautiful woman I have ever encountered.
그녀는 내가 지금까지 만난 여성 중에서 가장 미인이다.

endure
[endjúər]

어원 en「안에」 +dure「단단하다」 ◐ (안을 굳히다)
- 图 참다, 견디다
- **endurance** 图 내구성, 인내력
- **endurable** 图 참을 수 있는

The pain was almost too great to endure.
그 고통은 거의 참을 수 없을 정도였다.

★ enable : 가능하게 하다 ★ enclose : 에워싸다 ★ encourage : 용기를 북돋우다
★ enrich : 부유하게 하다

27

05 ex- (밖의)

expander는 〈ex(밖으로) + pand(넓어지다) + er(사람, 장치)〉에서 '확장자, 신장기'라는 뜻이 된다.

expand
[ikspǽnd]

어원 ex「밖으로」+ pand「넓어지다」
동 넓히다, 넓어지다
expanse **명** 넓게 퍼진 공간, 팽창

The country was trying to **expand** territorially.
그 나라는 영토를 확장하려 했었다.

explore
[iksplɔ́ːr]

어원 ex「밖으로」+ plore「외치다」
동 탐험하다, 탐구하다
exploration **명** 탐험

We had hardly arrived on the island when we were eager to **explore.**
우리는 섬에 도착하자마자 탐험이 하고 싶어졌다.

exhaust
[igzɔ́ːst]

어원 ex「밖으로」+ haust「끌다」 ◎ (몸 안에서 물을 퍼내다) ◎ (비우다)
동 다 써버리다, 피폐시키다
exhaustion **명** 극도의 피로, 고갈

He was **exhausted** from the marathon.
그는 마라톤으로 지쳤다.

exodus
[éksədəs]

어원 ex「밖의」+ hodus「길」 ◎ (밖으로 나가다)
명 대이동, 이주

The medical system was facing the collapse because of an **exodus** of doctors.
의료 시스템은 많은 의사들의 이동으로 인해 붕괴할 지경에 이르렀다.

★ exchange : 교환하다 ★ expect : 기대하다 ★ external : 외부의
★ except : ～외에는

06 e- (밖에)

이벤트(event)는 〈e(밖에) + vent(나오다)〉에서 '대사건, 행사'라는 뜻이 된다.

erase
[iréis]

어원 e「밖에」+rase「할퀴다」 ⊙ (할퀴어서 밖으로 내다)
통 지우다, 삭제하다
eraser 명 지우개

Erase the wrong word in this sentence.
이 문장에서 틀린 단어를 지우시오.

eradicate
[irǽdəkèit]

어원 e「밖에」+radic「뿌리」+ate「동접」 ⊙ (뿌리를 밖으로 내다)
통 뿌리째 뽑다, 근절하다
eradication 명 근절, 박멸

They were determined to **eradicate** racism from their sport.
그들은 스포츠에서 인종차별을 근절하기로 결의했다.

evaporate
[ivǽpərèit]

어원 e「밖에」+vapor「증기」+ate「동접」 ⊙ (증기를 밖으로 내다)
통 증발시키다, 증발하다, 사라지다
evaporation 명 증발(작용), 소멸

His anger **evaporated** and he wanted to cry.
그의 분노는 사라졌지만, 울고 싶어졌다.

eloquent
[éləkwənt]

어원 e「밖에」+loq「말」+ent「형접」 ⊙ (말하다)
형 능변의, 설득력 있는
eloquence 명 웅변

He was making a very **eloquent** speech.
그는 매우 설득력 있는 연설을 했다.

29

07 in- (안에)

배구에서 스파이크한 공이 선 안(in)에 들어가다.

income
[ínkʌm]

어원 in「안에」+come「오다」 ○ (자신의 품 안에 들어오는 것)
명 수입, 소득

Tourism is a major source of **income** for the area.
관광산업은 그 지역의 주요 수입원이다.

insight
[ínsàit]

어원 in「안에」+sight「보다」 ○ (안을 보는 것)
명 통찰력, 식견, 안목

The politician is known as a man of great **insight**.
그 정치가는 예리한 통찰력을 가진 사람으로 알려져 있다.

inmate
[ínmèit]

어원 in「안에」+mate「동료」 ○ (형무소 동료)
명 수감자, 입소자

This prison has a section for violent **inmates**.
이 형무소에는 흉악한 재소자를 위한 구역이 있다.

infuriate
[infjúərièit]

어원 in「안에」+fury「격노」+ate「동접」 ○ (격노 속으로 들어가다)
동 격분하게 하다, 격앙시키다
infuriating 형 격분하게 하는

She **infuriated** me because she didn't call me back.
그녀가 전화를 다시 걸지 않았기 때문에 나는 매우 화가 났다.

★ indoor : 실내의 ★ infect : 감염시키다 ★ invest : 투자하다

08- out (밖에) 1

배구에서 스파이크한 공이 선 밖으로(out) 나가다.

---

outcome
[áutkʌ̀m]

어원 out「밖에」+come「오다」 ● (나온 것)
명 결과, 성과

There is no saying for sure what the **outcome** of the election will be.
선거의 결과가 어떻게 될지는 확실히 말할 수 없다.

---

outbreak
[áutbrèik]

어원 out「밖에」+break「부수다」 ● (조용함을 깨다)
명 돌발, 발생, 폭발, 폭동

There has been an **outbreak** of food poisoning at the hotel.
그 호텔에서 식중독이 발생했다.

---

outskirts
[áutskə̀:rtz]

어원 out「밖에」+skirt「치마」 ● (스커트 자락)
명 교외, 변두리, 한계

His family lives on the **outskirts** of Tokyo.
그의 가족은 도쿄의 변두리에 살고 있다.

---

output
[áutpùt]

어원 out「밖에」+put「놓다」 ● (공장에서 밖으로 나가다)
명 생산고, 생산, 출력
통 산출하다

There has been a huge increase in the **output** of children's books.
어린이용 책의 생산이 급증하고 있다.

★ outline : 개요, 윤곽   ★ outlet : 배출구, 콘센트   ★ outdo : ～을 능가하다

09 out- (밖에) 2

아웃도어(outdoor)는 〈out(밖에) + door(문)〉에서 '야외의' 라는 뜻이 된다.

outfit
[áutfit]

어원 out「밖에」+fit「모양이 맞다」
명 의상 한 벌, 도구 한 벌, 조직, 단체
동 갖추어 주다

What a beautiful **outfit** you're wearing!
정말 멋진 의상이구나!

outlet
[áutlet]

어원 out「밖에」+let「놓다」 ◎ (밖에 내다)
명 배출구, 출구, 콘센트

Soccer is a good **outlet** for children's energy.
축구는 아이들의 에너지를 발산할 좋은 배출구이다.

outrage
[áutrèidʒ]

어원 out「밖에」+rage「분노」 ◎ (분노를 밖으로 내다)
명 폭력, 불법행위, 격분
동 격분시키다

We felt a great **outrage** when we heard the news.
우리는 그 뉴스를 들었을 때 화가 치밀어 올랐다.

outlook
[áutlùk]

어원 out「밖을」+look「보다」
명 예측, 조망, 견해

Her **outlook** on life may be a result of her strict education.
그녀의 인생관은 엄격한 교육의 결과일지도 모른다.

★ outgoing : 사교적인, 외향적인   ★ output : 생산(고), 산출   ★ outstanding : 뛰어난, 두드러진

10 un- (~하지 않다 = 반대의 동작을 나타냄)

uncover는 〈un(~하지 않다) + cover(덮다)〉에서 '폭로하다, 뚜껑을 벗기다' 라는 뜻이 된다.

---

untie
[ʌntái]

어원 un「~하지 않다」+tie「묶다」 ◐ (「묶다」의 반대)
⑧ 풀다, 해방하다, 해결하다

He **untied** his right shoe first.
그는 우선 오른쪽 구두끈부터 풀었다.

---

unfold
[ʌnfóuld]

어원 un「~하지 않다」+fold「접다」 ◐ (「접다」의 반대)
⑧ 펼치다, 펴다, 전개되다

She struggled to **unfold** a large map.
그녀는 큰 지도를 펼치려고 애썼다.

---

unlock
[ʌnlák]

어원 un「~하지 않다」+lock「자물쇠를 채우다」 ◐ (「자물쇠를 채우다」의 반대)
⑧ 자물쇠를 열다, 비밀을 터놓다

Unlock the door! We can't get out!
문의 자물쇠를 열어! 우리는 밖으로 나갈 수가 없어!

---

unload
[ʌnlóud]

어원 un「~하지 않다」+load「짐을 싣다」 ◐ (「짐을 싣다」의 반대)
⑧ 짐을 내리다, 짐을 덜다, 처분하다

Unload the boxes from the back of the truck.
트럭 뒤쪽으로 짐을 내리시오.

★ unfair : 불공평한 ★ unfortunate : 불운의, 불행한 ★ unusual : 보통이 아닌, 색다른

disease는 〈dis(아니다) + ease(편함)〉에서 '병'이라는 뜻이 된다.

disgust
[disgʌ́st]

어원 dis~「가 없다」 +gust「맛」 ◎ (맛이 없다)
⑧ 넌더리나게 하다 ⑲ 혐오감, 매우 싫음
disgusting ⑲ 넌더리나는

Much to my **disgust**, they refused to help.
참으로 넌더리나게도 그들은 원조하는 것을 거절했다.

distaste
[distéist]

어원 dis「~가 없다」 +taste「맛」 ◎ (맛이 없다)
⑲ 혐오, 싫증
distasteful ⑲ 싫은, 불쾌한

He has a **distaste** for politics.
그는 정치를 싫어한다.

dishonor
[disánər]

어원 dis「~가 없다」 +honor「영광, 명예」
⑧ 명예를 손상시키다
⑲ 불명예, 망신

The student has **dishonored** the name of the school.
그 학생은 학교의 명예를 손상시켰다.

dissuade
[diswéid]

어원 dis「~가 없다」 +suade「설득하다」 ◎ (설득하여 ~시키지 않다)
⑧ 설득하여 단념시키다

He **dissuaded** me from giving up my job.
그는 내가 일을 그만두려는 것을 단념시켰다.

★ disable : 무능하게 하다 ★ disagree : 일치하지 않다 ★ disapprove : 부인하다, 찬성하지 않다
★ discourage : 낙담시키다 ★ disappear : 사라지다 ★ disorder : 무질서, 혼란

12 fore- (앞에)

축구에서 포워드(forward)는 전방에 있는 선수를 의미한다.

foresight
[fɔ́ːrsàit]

어원 fore「앞에」+ sight「보는 것」 ◑ (미리 보는 것)
® 선견(지명), 통찰력, 신중함
foresee 통 예견하다

He had the **foresight** to invest in new technology.
그는 새로운 기술에 투자하는 선견지명이 있었다.

forefather
[fɔ́ːrfɑ̀ːðər]

어원 fore「앞에」+ father「아버지」 ◑ (아버지 앞에 있던 사람)
® 선조, 조상
forerunner ® 선조, 선구자

They decided to go back to the land of their **forefathers**.
그들은 선조의 땅으로 돌아가기로 결심했다.

foreword
[fɔ́ːrwə̀ːrd]

어원 fore「앞에」+ word「말」 ◑ (책 앞에 쓰는 것)
® 머리말, 서문

She has written the **foreword** to a book of recipes.
그녀는 요리책에 머리말을 썼다.

forehead
[fɔ́(ː) rid]

어원 fore「앞에」+ head「머리」 ◑ (머리 앞)
® 이마, 앞 부분
forefinger ® 집게손가락
foreleg ® (곤충의) 앞다리

Your **forehead** is burning.
당신 이마가 뜨거워요.

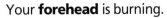

★ forecast : 예보하다

13 over- (과도하게) 1

오버런(overrun)하여 아웃이 되다.

overflow
[òuvərflóu]

어원 over「과도하게」+flow「흐르다」
⑧ 넘치다, 범람하다, 충만하다, 침수시키다
⑨ 범람, 과잉

The river **overflowed** the neighboring fields.
근처의 밭으로 강물이 범람했다.

oversleep
[òuvərslí:p]

어원 over「과도하게」+sleep「자다」
⑧ 너무 자다, 늦잠 자다

Sorry I'm late. I **overslept**.
늦어서 죄송합니다. 늦잠을 잤습니다.

overwork
[òuvərwə́:rk]

어원 over「과도하게」+work「일하다」
⑧ 과로하다, 과도하게 일을 시키다
⑨ 과로, 과도한 노동

You've been **overworking**—why don't you take a day off tomorrow?
당신은 계속 과로를 했으니 내일은 쉬는 게 어떻겠습니까?

overweight
[óuvərwèit]

어원 over「과도하게」+weight「체중」
⑲ 너무 살찐
⑨ 비만, 초과 중량

The doctor said I'm slightly **overweight**.
의사는 내가 약간 과체중이라고 말했다.

14 over- (넘어, 초과하여) 2

오버헤드(overhead) 킥으로 승리를 결정짓다.

overcome
[òuvərkʌ́m]

어원 over「넘어」+come「오다」
통 이기다, 극복하다

I don't think he can ever **overcome** his smoking habit.
그는 결코 흡연 습관을 극복할 수 없을 것이다.

overseas
[óuvərsíːz]

어원 over「넘어」+seas「바다」
부 해외로
형 해외의

His daughter is planning to study **overseas**.
그의 딸은 해외 유학 계획을 세우고 있다.

overlook
[òuvərlúk]

어원 over「넘어」+look「보다」
통 내려다보다, 못보고 지나치다, 너그럽게 봐주다
명 높은 곳, 전망이 좋은 곳

The church on the hill **overlooks** the harbor.
언덕 위의 교회에서 항구가 내려다보인다.

overtake
[òuvərtéik]

어원 over「넘어」+take「잡다」
통 따라잡다, 능가하다

By 1970 the U.S. had **overtaken** the Soviet Union in space technology.
1970년까지 미국은 우주기술에 관해서는 소련을 따라잡았다.

★ overdue : 지불 기한이 넘은 ★ overestimate : 과대평가하다

15 de- (아래에, 떨어져서)

디톡스 〈de(떨어져서) + tox(독)〉 건강법은 몸속의 독소를 없애는 건강법이다.

---

detoxify
[di:táksəfài]

어원 de「떨어져서」+ tox「독」+ ify「동접」 ⟳ (독을 없애다)
동 해독하다, ~의 중독을 치료하다
detoxification 명 해독

Vitamin C helps to **detoxify** pollutants in the body.
비타민C는 체내의 오염물질의 해독을 도와준다.

---

despair
[dispέər]

어원 de「떨어져서」+ spair「희망」 ⟳ (희망이 없어지다)
명 절망, 낙담   동 절망하다
desperate 형 절망적인, 필사적인

I was driven to **despair** by the kids.
나는 아이들로 인해 절망에 빠졌다.

---

deplore
[diplɔ́:r]

어원 de「떨어져서」+ plore「외치다」 ⟳ (저리 가라고 외치다)
동 몹시 한탄하다, 비난하다
deplorable 형 통탄할, 슬픈

Jewish leaders have issued statements **deploring** the violence.
유대인 지도자들은 폭력을 비난하는 성명을 냈다.

---

defeat
[difí:t]

어원 de「떨어져서」+ feat「하다」 ⟳ (상대를 물리치다)
명 패배, 타파
동 쳐부수다, 패배시키다

They narrowly avoided **defeat**.
그들은 간신히 패배를 면했다.

★ defrost : 해동하다　★ derail : 탈선하다　★ detach : 분리하다, 떼어내다
★ detour : 우회　★ deforest : 삼림을 벌채하다　★ depart : 출발하다, 퇴직하다

16 dia- (통하여)

diagram은 〈dia(통하여) + gram(쓰다)〉에서 첫 운행시간부터 마지막 운행시간까지 전부 쓰인 '열차 운행표'라는 뜻이다.

dialect
[dáiəlèkt]

어원 dia「통하여」+lect「말하다」 ◐ (국가에서 말해지는 것)
명 방언, 지방사투리
dialectal 형 방언의

It was difficult to understand the local **dialect**.
지방사투리를 알아듣는 게 어려웠다.

diagnose
[dáiəgnòus]

어원 dia「통하여」+gno「알다」 ◐ (몸을 알다)
동 진단하다, 원인을 밝혀내다
diagnosis 명 진단, 진찰

He was **diagnosed** as having the flu.
그는 인플루엔자에 걸렸다는 진단을 받았다.

diagonally
[daiǽgənəli]

어원 dia「통하여」+gon「각」+al「형접」+ly「부접」 ◐ (모서리와 모서리를 통하여)
부 대각선으로

Walk **diagonally** across the field and then turn left.
벌판을 대각선으로 가로질러 간 다음 왼쪽으로 도세요.

diarrhea
[dàiərí:ə]

어원 dia「통하여」+rrhea「흘러 지나가다」 ◐ (몸을 통하여 흘러 지나가다)
명 설사
diarrheal 형 설사의

She has suffered from **diarrhea** for three days.
그녀는 3일 동안 설사를 하고 있다.

★ díameter : 지름

39

17 per- (통하여, 완전한)

퍼펙트(perfect)는 완전하게 하는 것을 뜻한다.

percolate
[pə́:rkəlèit]

어원 per「통하여」+col「거르다」+ate「동접」
[통] 여과하다, 침투하다, 서서히 퍼지다
percolation [명] 여과, 침투

New fashions didn't take a long time to **percolate** through.
새로운 패션이 침투하기까지 긴 시간이 걸리지는 않았다.

perforate
[pə́:rfərèit]

어원 per「통하여」+for「찌르다」+ate「동접」
[통] 관통하다, 구멍을 내다
perforated [형] 미싱[바늘] 구멍이 있는

He separated the ballot at the **perforated** line.
그는 바늘구멍을 따라서 투표용지를 분리했다.

permeate
[pə́:rmièit]

어원 per「통하여」+meat「가다」 ◑ (전체에 골고루 미치다)
[통] 배어들다, 보급되다

The smell of roast beef **permeated** the air.
쇠고기 구이 냄새가 공기 전체에 배었다.

persuade
[pə:rswéid]

어원 per「통하여」+suade「설득하다」 ◑ (완전히 설득하다)
[통] 설득하다, 확신시키다
persuasion [명] 설득(력)
persuasive [형] 설득력 있는

I **persuaded** my father to buy me a new car.
나는 아버지에게 새 차를 사달라고 설득했다.

18 pan- (모두)

미국 전역을 나는 판 아메리칸(Pan American) 항공은 가장 유명한 항공사이다.

---

panacea
[pǽnəsíːə]

어원 pan「모두」+acea「치료」 ◯ (모두를 치료하는 것)
명 만병 통치약, 모든 문제의 해결책

Trade is not a **panacea** for the world's economy.
무역은 세계경제의 만병통치약이 아니다.

---

pandemic
[pændémik]

어원 pan「모두」+dem「사람들」+ic「형접」
형 전국적으로 유행하는 명 전국적인 유

We feared a new cholera **pandemic**.
우리는 신종 콜레라의 세계적 유행을 걱정했다.

---

panoramic
[pǽnərǽmik]

어원 pan「모두」+ora「보다」+mic「형접」
형 파노라마식의, 전경이 보이는
panorama 명 전경, 광범위한 조사

The **panoramic** view over the valley was breathtaking.
골짜기의 전경은 숨이 멎을 정도였다.

---

pandemonium
[pændəmóuniəm]

어원 pan「모두」+demon「악마」+ium「장소」 ◯ (모든 악마가 모이는 장소)
명 대혼란(의 장소), 수라장, 무법지대

Pandemonium broke out when the police announced the news.
경찰이 그 뉴스를 발표했을 때 대혼란이 일어났다.

19 peri- (주변에)

잠망경(periscope)은 〈peri(주변에) + scope(보다)〉의 어원에서 나왔다..

periodical
[pìəriádikəl]

어원 peri「주변」+ od「길」+ ical「형접」
형 정기 간행물의, 정기적인
명 정기 간행물, 잡지

He made **periodical** visits to the dentist.
그는 정기적으로 치과의사를 방문했다.

perimeter
[pərímitər]

어원 peri「주변」+ meter「재다」 ◎ (주위를 재다)
명 주변(의 길이), 방어선

We walked on the path around the **perimeter** of the lake.
우리는 호수 주변 길을 산책했다.

periodontal
[pèriədántəl]

어원 peri「주변」+ dont「이」+ al「형접」
형 치주의, 치근막의

That dentist specializes in **periodontal** disease.
그 치과의사는 치주병 전문입니다.

periphery
[pərí:fəri]

어원 peri「주변」+ pher「운반하다」+ ry「명접」
명 주변, 원주
peripheral 형 주변의, 중요하지 않은, 말초적인

He lived in a residential area on the **periphery** of the city.
그는 도시 주변의 주택가에 살았다.

retrospect는 〈retro(뒤에) + spect(보다)〉에서 '회상, 추억'이라는 뜻이 된다.

retrograde
[rétrəgrèid]

어원 retro「뒤에」 +grade「걸음」
형 후퇴하는, 퇴화하는
동 후퇴하다, 역행하다, 퇴화하다

The closure of the factory is considered as a **retrograde** step.
공장 폐쇄는 역행 조치로 여겨진다.

retroactive
[rètrouǽktiv]

어원 retro「뒤에」 +act「행하다」 +ive「형접」
형 반동적인, 역작용적인, 소급력이 있는
retroactively 부 반동적으로, 역작용적으로, 소급적으로

The new law should be applied **retroactively**.
새 법은 소급적으로 적용되어야 한다.

retrofit
[rétroufit]

어원 retro「뒤에」 +fit「만들다」 ○ (뒤부터 만들다)
동 (뒤부터) 장착하다, 낡은 것을 개조하다

Voice recorders were **retrofitted** into planes already in service.
녹음기가 이미 운행되고 있는 비행기에 장착되었다.

retrospective
[rètrəspéktiv]

어원 retro「뒤에」 +spect「보다」 +ive「형접」
형 회고적인, 추억에 잠기는, 소급력이 있는
retrospect 명 회상, 추억
retrospectively 부 회상하여

She wrote **retrospectively** about her childhood.
그녀는 어린 시절을 회상하며 글을 썼다.

21 twi- (두 개)

트윈 베드(twin bed)는 쌍을 이루는 두 개의 싱글 베드를 뜻한다..

twilight
[twáilàit]

어원 twi「두 개」+light「빛」 ✪ (밤과 낮을 두 개로 나누다)
명 어스름, 땅거미, 황혼

I took a walk along the beach at **twilight**.
나는 땅거미가 질 때 해변을 산책했다.

twig
[twig]

어원 ✪ (두 개로 나눠진)
명 작은 가지, 잔가지
twiggy 형 잔가지가 많은, 가느다란

He snapped a **twig** off the tree.
그는 나무에서 잔가지를 툭 잘라내었다.

entwine
[entwáin]

어원 en「~하게 하다」+twine「두 개」
통 휘감기다, 얽히게 하다

They were walking in the park, with their arms **entwined**.
그들은 팔짱을 끼고 공원을 산책하고 있었다.

twist
[twist]

어원 ✪ (두 갈래로 꼬인 상태)
통 (실 따위를) 꼬다, 짜다, 감다, 비틀다
명 꼬임, 비틀림
twister 명 회오리바람, 어려운 문제

He **twisted** the wire to form a circle.
그는 철사를 꼬아서 원을 만들었다.

22 uni- (하나)

유니온 기(Union Jack)는 잉글랜드, 스코틀랜드, 아일랜드의 3국의 십자기를 하나로 조합해 만든 것이다.

reunion
[ri:júːniən]

어원 re「다시」+uni「하나」 ➡ (다시 하나가 되는 것)
명 재회, 재결합
union 명 결합, 동맹, 연방

We had a class **reunion** for the first time in 20 years last week.
우리는 지난주에 20년 만에 처음으로 반창회를 열었다.

unity
[júːnəti]

어원 uni「하나」+ty「명접」 ➡ (하나임)
명 단일(성), 통일, 단결, 조화, 일치
unit 명 단위, 한 사람, 한 개
unite 통 결합하다, 일체가 되다

Unity is strength.
단결이 힘이다. (뭉치면 산다.)

unilateral
[jùːnəlǽtərəl]

어원 uni「하나」+late「놓다」+al「형접」 ➡ (한쪽에 놓인)
형 일방적인, 한쪽에만 제한된
bilateral 형 양쪽의

We just had to take **unilateral** action.
우리는 단독 행동을 해야만 했다.

unison
[júːnəsən]

어원 uni「하나」+son「소리」
명 동음, 제창, 일치

"Good morning!" replied the kids in **unison**.
"안녕하세요!"하고 아이들이 일제히 대답했다.

연습문제 (1~10)

1 다음 단어의 뜻을 ⓐ~ⓙ에서 고르시오.

1. allure 2. appalling 3. exodus 4. evaporate 5. inmate
6. outfit 7. outlet 8. outlook 9. output 10. unlock

ⓐ 열다	ⓑ 의상 한 벌	ⓒ 배출구	ⓓ 수감자	ⓔ 증발하다
ⓕ 매력	ⓖ 무서운	ⓗ 생산액	ⓘ 전망	ⓙ 대이동

2 다음 단어를 알맞은 형태로 바꿔서 (   ) 안에 넣으시오.

infuriate, untie, embark, allot, endure, embed, abet, exhaust, encounter, embody

1. The pain was almost too great to (   ).
   그 고통은 거의 참을 수 없는 것이었다.

2. He is (   ) on a new career as a singer.
   그는 가수로서 새로운 인생을 시작하려고 하고 있다.

3. He couldn't finish the test within the time (   ).
   그는 할당된 시간 내에 테스트를 끝낼 수가 없었다.

4. The riot was aided and (   ) by the police.
   그 폭동은 경찰에 의해 선동된 것이었다.

5. My opinions are all (   ) in this book.
   나의 의견은 모두 이 책에 구체적으로 표현되어 있다.

6. The bullet (   ) itself in the wall.
   탄환이 벽에 깊숙이 박혔다.

7. She is the most beautiful woman I have ever (   ).
   그녀는 내가 지금까지 만난 여성 중에서 가장 미인이다.

8. He was (   ) from the marathon.
   그는 마라톤으로 지쳤다.

9. She (   ) me because she didn't call me back.
   그녀가 전화를 다시 걸지 않았기 때문에 나는 매우 화가 났다.

10. He (   ) his right shoe first.
    그는 우선 오른쪽 구두끈부터 풀었다.

3 다음 문장의 해석 부분을 완성하시오.

1. They accused me of lying.

   그들은 나를 거짓말쟁이라고 ☐☐했다.

2. The riot was sparked off by the arrest of a local leader.

   그 폭동은 지역 리더의 ☐☐가 발단이 되었다.

3. He was enlisted into the US Navy.

   그는 미 해군에 ☐☐했다.

4. There has been an outbreak of food poisoning at the hotel.

   그 호텔에서 식중독이 ☐☐했다.

5. We felt a great outrage when we heard the news.

   우리는 그 뉴스를 들었을 때 불같이 ☐를 냈다.

6. Unload the boxes from the back of the truck.

   트럭의 뒤쪽부터 짐을 ☐☐시오.

7. Erase the wrong word in this sentence.

   이 문장에서 틀린 단어를 ☐☐시오.

8. The politician is known as a man of great insight.

   그 정치가는 예리한 ☐☐☐을 가진 사람으로 알려져 있다.

9. He was making a very eloquent speech.

   그는 매우 ☐☐☐ 있는 연설을 했다.

10. We had hardly arrived on the island when we were eager to explore.

    우리는 섬에 도착하자 ☐☐을 하고 싶어졌다.

4 다음 문장의 ☐에 알맞은 접두사를 넣어 단어를 완성하시오.

em	un	a	ex	en	out	e	in

1. I felt he was trying to ☐trap me.

   나는 그가 나를 함정에 빠뜨리려 했었다고 느꼈다.

2. His family lives on the ☐skirts of Tokyo.

   그의 가족은 도쿄의 교외에 살고 있다.

3. Tourism is a major source of ☐come for the area.

   관광산업은 그 지역의 주요 수입원이다.

4. The country was trying to ☐pand territorially.

그 나라는 영토를 확대하려 했었다.

5. I opened my arms wide to ☐brace her.

나는 양팔을 크게 벌려 그녀를 포옹했다.

6. They were determined to ☐radicate racism from their sport.

그들은 스포츠에서 인종차별을 근절하기로 결의했다.

7. There is no saying for sure what the ☐come of the election will be.

선거의 결과가 어떻게 될지 확실한 것은 말할 수 없다.

8. We were ☐mazed by his generosity.

우리는 그의 관대함에 매우 놀랐다.

9. She struggled to ☐fold a large map.

그녀는 큰 지도를 펼치려고 애썼다.

10. This is an ☐bridged version of his latest novel.

이것은 그의 최신 소설의 요약판입니다.

[정답]

❶ 1. ⓕ 2. ⑨ 3. ① 4. ⓔ 5. ⓓ 6. ⓑ 7. ⓒ 8. ① 9. ⓗ 10. ⓐ

❷ 1. endure 2. embarking 3. allotted 4. abetted 5. embodied

   6. embedded 7. encountered 8. exhausted 9. infuriated 10. untied

❸ 1. 비난 2. 체포 3. 입대 4. 발생 5. 화 6. 내리 7. 지우 8. 통찰력 9. 설득력 10. 탐험

❹ 1. en 2. out 3. in 4. ex 5. em 6. e 7. out 8. a 9. un 10. a

연습문제 (11~22)

1 다음 단어를 알맞은 형태로 바꿔서 ( ) 안에 넣으시오.

> overlook, overtake, twist, unite, diagnose, overwork, dissuade, percolate,
> permeat, persuade

1. He (   ) me from giving up my job.
   그는 내가 일을 그만두려는 것을 단념시켰다.

2. You've been (   ) – Why don't you take a day off tomorrow?
   당신은 계속 과로를 했으니 내일은 쉬는 게 어떻겠습니까?

3. The church on the hill (   ) the harbor.
   언덕 위의 교회에서 항구가 내려다보인다.

4. He was (   ) as having the flu.
   그는 인플루엔자에 걸렸다는 진단을 받았다.

5. I (   ) my father to buy me a new car.
   나는 아버지에게 새 차를 사달라고 설득했다.

6. The couple were (   ) by Father Currie.
   커리 신부님이 그 부부의 결혼식을 거행했다.

7. New fashions didn't take a long time to (   ) through.
   새로운 패션이 침투하기까지 긴 시간이 걸리지는 않았다.

8. The smell of roast beef (   ) the air.
   쇠고기 구이 냄새가 공기 전체에 배었다.

9. By 1970 the U.S. had (   ) the Soviet Union in space technology.
   1970년까지 미국은 우주기술에 관해서는 소련을 따라잡았다.

10. He (   ) the wire to form a circle.
    그는 철사를 꼬아서 원을 만들었다.

2 다음 문장의 해석 부분을 완성하시오.

1. dishonor the name (이름을 □□□□)
2. detoxify pollutants in the body (체내에 오염물질을 □□하다)
3. deplore the violence (폭력을 □□하다)
4. slightly overweight (조금 □□ □□□)

5. make periodical visits (□□□으로 다니다)

6. periodontal disease (□□병)

7. take unilateral action (□□행동을 취하다)

8. overflow the neighboring fields (근처의 밭을 □□ □□□하다)

9. have a distaste for politics (정치를 □□□□)

10. walk diagonally across the field (벌판을 □□□으로 가로지르다)

❸ ( ) 안에 들어갈 알맞은 영단어를 쓰시오.

1. Much to my (   ), they refused to help.

   참으로 넌더리나게도 그들은 원조하는 것을 거절했다.

2. His daughter is planning to study (   ).

   그의 딸은 해외 유학 계획을 세우고 있다.

3. She has written the (   ) to a book of recipes.

   그녀는 요리책에 머리말을 썼다.

4. They narrowly avoided (   ).

   그들은 간신히 패배를 면했다.

5. Your (   ) is burning.

   당신 이마가 뜨거워요.

6. We had a class (   ) for the first time in 20 years last week.

   우리는 지난주에 20년 만에 처음으로 반창회를 열었다.

7. I don't think he can ever (   ) his smoking habit.

   그는 결코 흡연 습관을 극복할 수 없을 것이다.

8. It was difficult to understand the local (   ).

   지방사투리를 알아듣는 게 어려웠다.

9. He had the (   ) to invest in new technology.

   그는 새로운 기술에 투자하는 선견지명이 있었다.

10. Sorry I'm late. I (   ).

    늦어서 죄송합니다. 늦잠을 잤습니다.

❹ 다음 문장의 해석 부분을 완성하시오.

1. She has suffered from diarrhea for three days.

   그녀는 3일 동안 □□를 하고 있다.

2. Trade is not a panacea for the world's economy.

   무역은 세계경제의 ⬚⬚⬚⬚⬚이 아니다.

3. We feared a new cholera pandemic.

   우리는 신종 콜레라의 ⬚⬚⬚ ⬚⬚을 걱정했다.

4. Pandemonium broke out when the police announced the news.

   경찰이 그 뉴스를 발표했을 때 ⬚⬚⬚이 일어났다.

5. We walked on the path around the perimeter of the lake.

   우리는 호수 ⬚⬚의 길을 산책했다.

6. I took a walk along the beach at twilight.

   나는 ⬚⬚⬚가 질 때 해변을 산책했다.

7. "Good Morning!" replied the kids in unison.

   "안녕하세요!" 하고 아이들이 ⬚⬚⬚ 대답했다.

8. They decided to go back to the land of their forefathers.

   그들은 ⬚⬚의 토지로 돌아가기로 결심했다.

9. I was driven to despair by the kids.

   나는 아이들에 의해 ⬚⬚에 빠졌다.

10. They were walking in the park, with their arms entwined.

    그들은 팔짱을 ⬚⬚ 공원을 산책하고 있었다.

[정답]

1 1. dissuaded 2. overworking 3. overlooks 4. diagnosed 5. persuaded
   6. united 7. percolate 8. permeated 9. overtaken 10. twisted

2 1. 더럽히다 2. 해독 3. 비난 4. 중량 초과인 5. 정기적 6. 치주 7. 단독 8. 물에 잠기게 9. 싫어하다 10. 대각선

3 1. disgust 2. overseas 3. foreword 4. defeat 5. forehead
   6. reunion 7. overcome 8. dialect 9. foresight 10. overslept

4 1. 설사 2. 만병통치약 3. 세계적 유행 4. 대혼란 5. 주변 6. 땅거미 7. 일제히
   8. 선조 9. 절망 10. 끼고

．
．
．

You
can
do
it!

Chapter

2

접미사와 의성어로 유추하는 영단어

23 –cle (작은)

근육(muscle)은 '작은 쥐'라는 의미에서 왔다.

---

particle
[pá:rtikl]

어원 part「부분」+icle「작은」 ◐ (작은 일부)
명 미량, 극소량, 작은 조각

There was not a **particle** of evidence to support the case.
그 재판을 지지하는 증거는 조금도 없었다.

---

muscle
[mʌ́səl]

어원 mus「mouse 쥐」+cle「작은」 ◐ (작은 쥐)
명 근육, 완력, 체력, 압력
동 우격다짐으로 밀고 나아가다
muscleman 명 근육이 발달한 남자, 폭력 단원

The cat didn't move a **muscle**.
그 고양이는 꼼짝도 하지 않았다.

---

vehicle
[ví:ikəl]

어원 veh「운반하다」+icle「작은」 ◐ (소형의 운반하는 것)
명 탈 것, 운반 수단, 수단
vehicular 형 탈 것에 의한, 매개 수단으로 사용되는

The secret ballot was an important **vehicle** for freer elections.
비밀투표는 보다 자유로운 선거를 위한 중요한 수단이었다.

---

icicle
[áisikəl]

어원 ice「얼음」+icle「작은」
명 고드름

There are many big long **icicles** hanging from the eaves of the house.
집의 처마에 길고 큰 고드름이 많이 매달려 있다.

24 –en (~로 하다)

잠그는 기구(fastener)는 〈fast(고정한) + en(~로 하다) + er(물건)〉에서 왔다.

heighten
[háitn]

어원 height「높이」+en「~로 하다」

圄 높이다, 높게 하다, 증가시키다, 강화하다

Tension has **heightened** after the recent bomb attack.

최근의 폭격 이후에 긴장이 높아지고 있다.

threaten
[θrétn]

어원 threat「협박」+en「~로 하다」

圄 협박(위협)하다, 나쁜 일이 일어날 징조를 보이다

The robber **threatened** them with a gun.

강도가 총으로 그들을 위협했다.

frighten
[fráitn]

어원 fright「공포」+en「~로 하다」

圄 겁먹게 하다, 깜짝 놀라게 하다

frightening 圈 놀라게 하는

Sorry, I didn't mean to **frighten** you.

죄송합니다. 놀라게 할 의도는 없었습니다.

liken
[láikən]

어원 like「~을 닮은」+en「~로 하다」

圄 ~을 비유하다

Life is often **likened** to a journey.

인생은 종종 여행에 비유된다.

25 -er (반복하다)

batter는 〈bat(치다) + er(반복하다)〉에서 '난타하다, 연달아 치다'는 뜻이 된다.

---

chatter
[tʃǽtər]

어원 chat「잡담」+er「반복」
동 재잘재잘 지껄이다
명 재잘거림, 잡담

Everyone is **chattering** away in the classroom.
교실에서 모두가 재잘거리고 있다.

---

shatter
[ʃǽtər]

어원 shat「scat 분산」+er「반복」
동 산산이 부수다, 분쇄하다

The vase fell on the floor and **shattered** into pieces.
꽃병이 마루에 떨어져 산산이 부서졌다.

---

scatter
[skǽtər]

어원 scat「분산」+er「반복」
동 뿌리다, 살포하다

The old man **scattered** corn for the pigeons.
노인이 비둘기에게 옥수수를 뿌렸다.

---

patter
[pǽtər]

어원 pat「두드리다」+er「반복」
동 가볍게 두드리는 소리를 계속 내다, (비 따위가) 후두둑 내리다
명 후두둑 하는 소리

Rain **pattered** against the window.
비가 창에 후두둑 내렸다.

26 −graph (그림)

거짓말 탐지기(polygraph)는 호흡이나 맥박 등 여러 방면에서 접근해서 마음의 동요를 그래프로 나타내는 것이다.

calligraphy
[kəlígrəfi]

어원 calli「아름다움」+graphy「쓰기」 ◎ (아름답게 쓴 것)
명 서예, 필적

Mr. Kim is a **calligraphy** teacher at high school.
김 선생님은 고등학교의 서예 선생님이다.

monograph
[mánəgræf]

어원 mono「하나」+graphy「쓰다」 ◎ (한 가지 일에 대해 쓰다)
명 전공 논문, 모노그래프(특정 분야에 대한 학술 논문)

He is working on his **monograph** on Shakespeare.
그는 셰익스피어에 관한 전공 논문을 작성하는 중이다.

polygraph
[páligræf]

어원 poly「많은」+graphy「쓰다」 ◎ (마음의 동요를 다방면에서 쓰다)
명 다원 기록기, 거짓말 탐지기

The lawyer said that she had taken and passed a **polygraph** test.
변호사는 그녀가 거짓말 탐지기 검사를 받고 통과했다고 말했다.

pornography
[pɔːrnágrəfi]

어원 porno「포르노」+graphy「쓰기」
명 포르노, 호색작품

Pornography is banned by several local governments.
포르노는 몇 곳의 지방정부에 의해 금지되어 있다.

★ graphic : 그래프의   ★ telegraph : 전보
★ biography : 전기   ★ photograph : 사진

27 -ior (~보다)

junior는 〈jun(젊은) + ior(보다)〉에서 '연소자, 아들' 이라는 뜻이 된다.

inferior
[infíəriər]

어원 infer「낮은」+ior「보다」
형 열등한, 열악한
inferiority 명 열등, 열세, 조악
superior 형 뛰어난

Modern literature is often considered **inferior** to that of the past.
현대문학은 과거의 문학보다 열등하다고 자주 생각되어진다.

deteriorate
[ditíəriərèit]

어원 deter「나쁜」+ior「보다」+ate「동접」
동 악화하다, 저하하다
deterioration 명 악화, 저하

They feared that the situation might **deteriorate** into full-scale war.
그들은 사태가 전면 전쟁으로 악화하는 것이 아닐까 걱정했다.

ameliorate
[əmíːljərèit]

어원 a「~쪽으로」+melior「보다 좋은」+ate「동접」
동 개선하다, 개량하다
amelioration 명 개선, 개량

Steps have been taken to **ameliorate** the situation.
사태를 개선할 몇 가지 수단이 취해졌다.

seniority
[siːnjɔ́ːriti]

어원 senior「보다 연상의」+ity「명접」
명 연공서열, 연상
senior 형 연상의 명 연장자
junior 형 연소자의 명 연소자

He is of the opinion that promotion should be based on **seniority**.
승진은 연공서열을 토대로 해야 한다는 것이 그의 의견이다.

28 -le (반복)

반짝반짝 작은 별(twinkle twinkle little star)이 유난히 아름답게 빛난다.

---

tickle
[tíkəl]

어원 tick「기쁘게 하다」 +le「반복」
⑧ 간지럽히다, 웃기다

The rough blanket **tickles** a little.
올이 굵은 그 담요는 조금 간지럽다.

---

sparkle
[spáːrkəl]

어원 spark「불꽃」 +le「반복」
⑧ 불꽃을 튀기다, 번쩍이다, 빛나고 있다

The diamond **sparkled** in the sunlight.
다이아몬드가 햇빛에 번쩍였다.

---

tinkle
[tíŋkəl]

어원 tin「양철」 +le「반복」
⑧ 딸랑딸랑 울리다
⑲ 딸랑딸랑 울리는 소리

A bell **tinkled** as the door opened.
문이 열리자 종이 딸랑딸랑 울렸다.

---

chuckle
[tʃʌkl]

어원 chuck「cluck 꼬꼬하고 우는 소리」 +le「반복」
⑧ 낄낄 웃다
⑲ 낄낄 웃음

He ıs always **chuckling** to himself.
그는 언제나 혼자서 낄낄대고 웃는다.

29 –meter (~을 재다)

1센티미터(centimeter)는 1미터의 100분의 1, 1밀리미터(millimeter)는 1미터의 1,000분의 1이다.

altimeter
[ǽltímitər]

어원 alt「높이」+ meter「재다」
명 고도계

The **altimeter** shows that we are 10 kilometers above the ground.
고도계는 우리가 지상 10킬로미터에 있다는 것을 보여준다.

pedometer
[pidámitər]

어원 ped「발」+ meter「재다」
명 만보기

He usually carries a **pedometer** to see how far he walked in a day.
그는 하루에 얼마나 걷는지를 확인하기 위해서 언제나 만보기를 가지고 다닌다.

speedometer
[spi:dámitər]

어원 speed「속도」+ meter「재다」
명 속도계

Your **speedometer** reads 90 kilometers per hour.
당신의 속도계에는 시속 90킬로로 나와 있습니다.

odometer
[oudámitər]

어원 odo「hodo 길」+ meter「재다」 ✪ (거리를 재다)
명 주행 기록계

They sold a car with the wrong mileage recorded on the **odometer**.
그들은 주행 기록계에 총 마일 수가 잘못 기록되어 있던 차를 팔았다.

★ barometer : 기압계 ★ diameter : 직경 ★ thermometer : 온도계
★ symmetrical : 대칭적인

30 -ush, -ash (의성어, 쏴~ 하고 흐르는 느낌)

아이들을 태운 보트가 물보라를 튀기며(splash) 계곡의 물살을 가르다.

splash
[splæʃ]

어원 sp「튀어나오다」+ash「쏴~ 하고 흐르다」
통 (물 따위를) 튀기다, 튀겨 끼얹다, 튀다
명 튀기기, 철벅철벅(텀벙)하는 소리
swash 통 (물이) 소리내며 튀다

The mother let her kids **splash** around in the pool for a while.
어머니는 아이들을 잠시 풀에서 텀벙거리게 했다.

flush
[flʌʃ]

어원 fl「재빠른 움직임」+ush「쏴~ 하고 흐르다」
통 세차게 흐르다, 얼굴을 붉히다
명 홍조, 씻어 내림

He heard the toilet **flush**.
그는 화장실의 물이 세차게 흐르는 소리를 들었다.

flash
[flæʃ]

어원 fl「재빠른 움직임」+ash「쏴~ 하고 흐르다」
통 빛나다, 퍼뜩 떠오르다
명 번쩍임, 섬광

A good idea **flashed** into my mind.
좋은 생각이 퍼뜩 떠올랐다.

blush
[blʌʃ]

어원 ○ (붉어지다)
통 얼굴을 붉히다
명 홍조

She turned away to hide her **blushes**.
그녀는 홍조를 감추기 위해서 얼굴을 돌렸다.

31 -ile (~할 수 있는, ~하기 쉬운, ~같은)

미사일(missile)은 〈miss(던지다) + ile(~할 수 있는)〉에서 왔다.

---

futile
[fjúːtl]

어원 fut「흐르다」 +ile「~하기 쉬운」 ◎ (흐르기 쉬운)
형 무익한, 쓸데없는, 시시한
futility 명 무익, 쓸모없음

Our efforts to revive him were **futile**.
그를 소생시키려고 했던 우리의 노력은 쓸모없는 것이었다.

---

infertile
[infə́ːrtəl]

어원 in「~가 아닌」 +fer「낳다」 +ile「~할 수 있는」 ◎ (낳을 수가 없는)
형 불모의, 불임의, 메마른
infertility 명 불모, 비옥하지 않음, 불임
fertile 형 비옥한

New medical techniques provide hope for **infertile** couples.
새로운 의학 기술은 불임 부부에게 희망을 준다.

---

sterile
[stéril]

어원 ster「불임의 암소」 +ile「~같은」 ◎ (불임의 암소 같은)
형 불임의, 불모의, 살균한
sterilize 통 살균 소독하다, 불임화하다
sterility 명 불임 상태, 무균 상태

Rinse the eye with **sterile** water.
살균한 물로 눈을 헹구시오.

---

senile
[síːnail]

어원 seni「늙은 남성」 +ile「~처럼」 ◎ (늙은 남성 같은)
형 고령의, 노망한, 노쇠한

She worries about going **senile**.
그녀는 노망이 들까 봐 걱정이다.

32 bom (의성어, '쾅' 이라는 소리)

차의 범퍼(bumper)와 범퍼가 쿵소리를 내며 충돌하다.

---

bomb
[bɑm]

어원 ⓞ ('쾅' 이라는 소리에서)
명 폭탄, 대실패 통 폭격하다, 대실패하다
bomber 명 폭격기

Hundreds of **bombs** were dropped on the city.
수백 개의 폭탄이 그 도시에 떨어뜨려졌다.

---

bombard
[bɑmbɑ́:rd]

어원 ⓞ ('쾅' 이라는 소리를 내다)
통 폭격하다, 포격하다, (질문 따위를) 퍼붓다
bombardment 명 폭격, 포격

They **bombarded** him with questions.
그들은 그에게 질문을 퍼부었다.

---

bump
[bʌmp]

어원 ⓞ ('쾅' 이라는 소리를 내다)
통 충돌하다, 부딪치다. 쾅하고 부딪치다
명 부딪치기, 충돌, 혹
bumper 명 범퍼
bumpy 형 울퉁불퉁한

Be careful not to **bump** your head.
머리를 부딪치지 않도록 주의하시오.

---

boom
[bu:m]

어원 ⓞ (인기)
명 벼락 경기, 갑작스런 호경기, 급등
통 갑작스레 번창하다, 인기가 갑자기 높아지다, 급등하다

Living standards improved rapidly during the post-war **boom**.
생활수준이 전쟁 후의 갑작스런 호경기 동안에 급격히 향상했다.

33 fl (재빠른 움직임)

플립 카드(flip card)를 훌훌 넘기다. flip은 '손가락으로 튀기기' 라는 뜻이다.

---

fling
[fliŋ]

어원 ◯ (재빠른 움직임에서)
- 통 내던지다, 내팽개치다, 옷 따위를 벗어버리다, 내동댕이치다
- 명 내던지기, 팽개치기

He **flung** a dish on the floor.
그는 접시를 마루에 내팽개쳤다.

---

fleet
[fliːt]

어원 ◯ (재빠른 움직임)
- 형 빠른, 쾌속의, 잠시 동안의
- 통 빨리 지나가다
- **fleeting** 형 덧없는, 한 순간의

He is **fleet** of foot.
그는 발이 빠르다.

---

flick
[flik]

어원 ◯ (재빠른 움직임)
- 통 가볍게 때리다, 튀기다, 튀겨 날리다
- 형 손가락 끝 따위로 튀기기

Don't **flick** a peanut at me, please.
나를 향해서 땅콩을 날리지 말아 주세요.

---

flicker
[flíkər]

어원 ◯ flick「재빠른 움직임」+er「반복」
- 통 바람이 흔들거리다, 깜박이다
- **flickeringly** 분 깜박거리게

The lights **flickered** and went out.
불빛이 깜박이다가 꺼졌다.

역도의 인상(snatch)은 바벨을 한 번에 머리 위로 들어 올려 일어서는 종목이다.

snap
[snæp]

어원 ⚙ ('휙' 하고 잡다)
- 통 재빨리 집다, 딱 부러지다, 뚝 끊다, 덤벼들다, 짤깍 소리 나다
- 명 뚝 부러지는 소리, 잡아채기

The dogs snarled and **snapped** at our heels.
그 개들은 으르렁거리며 우리의 발뒤꿈치로 덤벼들었다.

snatch
[snætʃ]

어원 ⚙ ('휙' 하고 잡다)
- 통 잡아채다, 강탈하다, 갑자기 가져가 버리다, 움켜잡다
- 명 잡아채기, 날치기, 한동안, 단편

The thief **snatched** the purse from me.
도둑이 나에게서 지갑을 잡아챘다.

snip
[snip]

어원 ⚙ (재빨리 자르다)
- 통 싹둑 자르다
- 명 싹둑 자르기, 한 번의 가위질, 소량
- **snipping** 명 *끄트러기 조각*

She **snipped** the thread which held the two pieces of cloth together.
그녀는 천 두 장을 연결한 실을 싹둑 잘랐다.

snack
[snæk]

어원 ⚙ (재빨리 물다)
- 명 가벼운 식사, 간식
- 통 가벼운 식사를 하다
- **snack bar** 명 간이 식당

It's healthier to **snack** on fruit rather than chocolate.
초콜릿보다 과일을 간식으로 하는 편이 건강에 좋다.

스누피(Snoopy)는 탐색하는 것을 좋아하는 개라는 뜻이다.

---

snore
[snɔːr]

어원 ☉ (콧소리에서)
동 코를 골다
snorer 명 코고는 사람

I just can't stand him **snoring**.
그가 코를 고는 것을 참을 수가 없다.

---

snort
[snɔːrt]

어원 ☉ (콧소리에서)
동 킁킁거리다, 콧바람을 치다, 씩씩거리다
명 거센 콧바람

My sister **snorts** when she laughs.
여동생은 웃을 때 킁킁거린다.

---

snobbish
[snábiʃ]

어원 snob「코」+ish「형접」
형 속물의, 신사인 체하는, 지위나 재산 따위를 숭배하는
snob 명 지식이나 학문을 통달한 체하는 사람
snobbery 명 숙물 근성, 신사인 체하기

She's **snobbish** about people who live in the suburbs.
그녀는 교외에 살고 있는 사람들에게 고상한 체한다.

---

sniff
[snif]

어원 ☉ (콧소리에서)
동 코를 훌쩍이다, 킁킁거리며 냄새를 맡다, 콧방귀를 뀌다
명 코로 들이마시기, 코로 냄새 맡기
sniffy 형 코웃음 치는, 경멸적인

The dog **sniffed** at the bag when it smelled the drug.
마약 냄새가 나자 그 개는 킁킁거리며 가방의 냄새를 맡았다.

36 -ump (떨어지다)

쓰레기를 '털썩' 내려놓는 덤프트럭(dump truck)은 쓰레기차의 일종이다.

---

dump
[dʌmp]

어원 ◎ (물건 따위를 떨어뜨리다)
- 통 털썩 떨어지다(내려놓다), 버리다
- 명 쓰레기 버리는 곳, 쓰레기 더미
- **dumping** 명 내버리기, 폐기, 투매, 덤핑

People who want to get rid of old cars sometimes **dump** them in the woods.
오래된 차를 처분하고 싶은 사람들은 때로는 그것을 숲에 버리기도 한다.

---

plump
[plʌmp]

어원 ◎ (털썩 내려앉다)
- 통 털썩 떨어지다(앉다), 털썩 떨어뜨리다(쓰러지다)

She **plumped** down next to me on the sofa.
그녀는 내 옆에 있는 소파에 털썩 앉았다.

---

slump
[slʌmp]

어원 sl「주르르」+ump「떨어지다」
- 통 쿵하고 떨어지다, 기력이 떨어지다, 폭락하다
- 명 폭락, 쇠퇴, 부진, 슬럼프
- **slumped** 형 폭락한

Sales have **slumped** this year.
올해 매상은 폭락했다.

---

thump
[θʌmp]

어원 ◎ (천둥처럼 치다)
- 통 쿵하고 놓다(때리다, 걷다), 심장이 두근두근 뛰다
- **thumping** 형 거대한, 쿵하고 치는

He **thumped** his cup down on the table.
그는 테이블에 컵을 쿵하고 놓았다.

37 spr (튀어나오다)

물이 솟아오르는 샘은 스프링(spring)인데 온천을 뜻한다.

sprinkle
[spríŋkəl]

어원 spring「튀어나오다」+kle「반복」
동 뿌리다, 흩뿌리다, 끼얹다
sprinkler 명 스프링클러, 살수 장치

Sprinkle the cheese over the spaghetti.
스파게티에 치즈를 뿌리세요.

spread
[spred]

어원 ⟳ (물을 뿌리다)
동 퍼지다, 펼치다, 만연하다, 퍼뜨리다
명 퍼짐, 보급

The cancer has **spread** to his liver.
암은 그의 간으로 전이되었다.

sprout
[spraut]

어원 spr「튀어나오다」+out「밖에」
동 자라기 시작하다, 싹이 돋아나게 하다, 발아시키다, 발아하다
명 새싹, 싹, 싹눈 양배추

Weeds are starting to **sprout** through cracks in the sidewalk.
보도의 갈라진 틈에서 잡초의 싹이 돋아나기 시작했다.

sprint
[sprint]

어원 ⟳ (샘물처럼 솟구치다)
동 전속력으로 달리다
명 단거리 경주, 대활약
sprinter 명 단거리 경주자

The bus driver must have seen me **sprinting** for the bus, but he drove off.
버스 운전수는 내가 전속력으로 버스를 향해 달리고 있는 것을 분명히 봤을 텐데도 가버렸다.

38 stamp, stump (발로 밟다)

스탬프(stamp)란 '발로 밟아 누른 것'에서 왔다.

stammer
[stǽmər]

어원 stam「밟다」+er「반복」 ➡ (몇 번이나 밟다)
- 통 말을 더듬다, 더듬으면서 말하다
- 명 말더듬이

You mustn't make fun of people who **stammer**.
말을 더듬는 사람을 놀려서는 안 된다.

stumble
[stʌ́mbəl]

어원 stam「밟다」+ble「반복」 ➡ (몇 번이나 밟다)
- 통 넘어지다, 비틀거리다, 우연히 만나다
- 명 넘어지기, 비틀거리기, 실수
- **stumblingly** 튄 비틀거리면서

One runner **stumbled**, but was able to regain her balance.
경주자 한 명이 비틀거렸으나 균형을 회복할 수가 있었다.

stampede
[stæmpíːd]

어원 ➡ (한꺼번에 일제히 밟다)
- 통 집단으로 폭주하다, 일제히 우르르 몰려들다
- 명 집단 폭주, 우르르 도망침, 한꺼번에 붕괴함

A loud clap of thunder made the herd **stampede**.
큰 천둥소리는 가축 떼를 집단으로 폭주하게 했다.

stump
[stʌmp]

어원 ➡ (물건 따위가 짓누르다)
- 통 곤란하게 히다, 발가락 따위를 차이다, 그루터기로 하다
- 명 그루터기, 의족, 무거운 발걸음
- **stumpy** 형 그루터기가 많은, 굵고 짧은

He was **stumped** for words.
그는 말문이 막혔다.

연습문제 (23~38)

1 다음 단어를 알맞은 형태로 바꿔서 ( ) 안에 넣으시오.

> boom, snore, sprinkle, bump, flash, stammer, threaten,
> sniff, liken, frighten

1. The robber (   ) them with a gun.
   강도는 총으로 그들을 위협했다.
2. Sorry, I didn't mean to (   ) you.
   죄송합니다. 놀라게 할 의도는 없었습니다.
3. Life is often (   ) to a journey.
   인생은 종종 여행에 비유된다.
4. You mustn't make fun of people who (   ).
   말을 더듬는 사람을 놀려서는 안 됩니다.
5. I just can't stand him (   ).
   그가 코를 고는 것을 참을 수가 없다.
6. The dog (   ) at the bag when it smelled the drug.
   마약 냄새가 나자 그 개는 킁킁거리며 가방의 냄새를 맡았다.
7. Be careful not to (   ) your head.
   머리를 부딪치지 않도록 주의하시오.
8. (   ) the cheese over the spaghetti.
   스파게티에 치즈를 뿌리세요.
9. Living standards improved rapidly during the post-war (   ).
   생활수준이 전쟁 후의 갑작스런 호경기 동안에 급격히 향상했다.
10. A good idea (   ) into my mind.
    좋은 생각이 퍼뜩 떠올랐다.

2 다음 한국어를 영어로 고치시오.

1. 서예   2. 근육   3. 만보기   4. 미량   5. 고드름   6. 거짓말 탐지기
7. 주행 기록계   8. 폭탄   9. 속도계   10. 폭락

3 다음 문장의 해석 부분을 완성하시오.

1. A loud clap of thunder made the herd stampede.

   큰 천둥소리 소리는 가축 떼를 집단으로 □□하게 했다.

2. The cancer has spread to his liver.

   암은 그의 간으로 □□되었다.

3. People who want to get rid of old cars sometimes dump them in the woods.

   오래된 차를 처분하고 싶은 사람들은 때로는 그것을 숲에 □□□도 한다.

4. He is working on his monograph on Shakespeare.

   그는 셰익스피어에 관한 □□ □□을 작성하는 중이다.

5. They feared that the situation might deteriorate into full-scale war.

   그들은 사태가 전면 전쟁으로 □□하는 것이 아닐까 걱정했다.

6. Steps have been taken to ameliorate the situation.

   사태를 □□할 몇 가지 조치가 취해졌다.

7. He is of the opinion that promotion should be based on seniority.

   승진은 □□□□을 토대로 해야 한다는 것이 그의 의견이다.

8. The altimeter shows that we are 10 kilometers above the ground.

   □□□는 우리가 지상 10킬로미터에 있다는 것을 보여주고 있다.

9. She turned away to hide her blushes.

   그녀는 □□를 감추기 위해서 얼굴을 돌렸다.

10. The secret ballot was an important vehicle for freer elections.

    비밀투표는 보다 자유로운 선거의 중요한 □□이었다.

4 다음 단어를 알맞은 형태로 바꿔서 ( ) 안에 넣으시오.

chatter, fling, shatter, patter, splash, snatch, bombard, snip, scatter, chuckle

1. The vase fell on the floor and ( ) into pieces.

   꽃병이 마루에 떨어져 산산이 부서졌다.

2. The old man ( ) corn for the pigeons.

   노인이 비둘기에게 옥수수를 뿌렸다.

3. Rain ( ) against the window.

   비가 창에 후두둑 내렸다.

4. He is always (　　　　　) to himself.

그는 언제나 혼자서 낄낄대고 웃는다.

5. The mother let her kids (　　　　　) around in the pool for a while.

어머니는 아이들을 잠시 풀에서 텀벙거리게 했다.

6. They (　　　　　) him with questions.

그들은 그에게 질문을 퍼부었다.

7. He (　　　　　) a dish on the floor.

그는 접시를 마루에 내팽개쳤다.

8. Everyone is (　　　　　) away in the classroom.

교실에서 모두가 재잘거리고 있다.

9. The thief (　　　　　) the purse from me.

도둑은 나에게서 지갑을 잡아챘다.

10. She (　　　　　) the thread which held the two pieces of cloth together.

그녀는 천 두 장을 연결한 실을 싹둑 잘랐다.

3

자연에 관한 어근으로 유추하는 영단어

39 agri, agro (토지, 밭)

1에이커(acre)는 수소 두 마리가 하루 동안 경작하는 면적을 지칭한다.

---

agriculture
[ǽgrikʌ̀ltʃər]

어원 agri「밭」+culture「경작하다」
명 농업, 축산
agricultural 형 농업의

Agriculture forms the backbone of the rural economy.
농업은 시골 경제의 중추를 이루고 있다.

---

agrarian
[əgrɛ́əriən]

어원 agra「토지」+ian「형접」 ○ (토지에 관련된)
형 토지 분배에 관한, 농업의

Many people are leaving **agrarian** way of life to go to the city.
많은 사람들이 농업 생활을 떠나 도시로 간다.

---

agronomy
[əgránəmi]

어원 agro「밭」+nomy「관리」
명 농업 경영, 농학

He specialized in **agronomy** at university.
그는 대학에서 농업 경영을 전공했다.

---

agro-tourism
[əgrátúərizəm]

어원 agro「밭」+tourism「관광 사업」
명 녹색 관광, 팜 스테이

People in this region depend on **agro-tourism** for living.
이 지역 사람들은 생계를 팜 스테이에 의존하고 있다.

40 arbo, herb (나무, 풀)

허브 티(herb tea)는 향긋하고 부드러운 건강 음료이다.

herbicide
[hə́:rbəsàid]

어원 herb「풀」+cide「자르다」 ◎ (풀을 자르는 것)

명 제초제

Using **herbicides** is banned in this town.

제초제 사용은 이 마을에서는 금지되어 있다.

herbal
[hə́rbəl]

어원 herb「풀」+al「형접」 ◎ (풀의)

형 풀의, 약초의

herbage 명 풀, 목초

She loves to drink **herbal** tea, such as peppermint and cinnamon.

그녀는 페퍼민트와 시나몬 같은 허브티를 마시는 것을 매우 좋아한다.

arbor
[á:rbər]

어원 arb「나무」+or「명접」

명 나무 그늘 휴게소, (나무 덩굴 따위를 지붕에 엎어 햇빛을 피할 수 있는) 정자

arboreal 형 수목의, 나무 위에 사는

The rose **arbor** was beautiful when the roses were in bloom.

장미꽃이 만발하자 장미나무 그늘 휴게소는 아름다웠다.

arboretum
[à:rbərí:təm]

어원 ◎ (나무가 있는 곳)

명 수목원, 식물원

The city has an **arboretum** that is nice to walk through on a sunny day.

그 도시에는 날씨가 맑은 날에 걸어다니기 좋은 식물원이 있다.

41 aus, avi (새)

새의 움직임을 보고 점을 치는 새점이 한때 유행했다.

auspicious
[ɔːspíʃəs]

어원 aus「새」+spic「보다」+ious「형접」 ○ (새의 움직임을 보고 점을 치는 것에서)
형 길조의, 순조로운
inauspicious **형** 불길한

Our first meeting was not **auspicious**.
우리의 첫 만남은 순조롭지 못했다.

inaugurate
[inɔ́ːgjərèit]

어원 in「안에」+augur「점, 신관」+ate「동접」 ○ (신관으로서 나라를 통치하다)
동 취임시키다, 정식으로 개시하다

He was **inaugurated** as President in January.
그는 1월에 대통령으로 취임했다.

augur
[ɔ́ːgər]

어원 ○ (점치는 사람)
동 점치다, 전조가 되다
명 점술사

The company's sales figures for the first two months **augur** well for the rest of the year.
첫 2개월 동안의 회사 매상액은 그 해의 나머지 달에 대한 좋은 전조가 된다.

aviation
[èiviéiʃən]

어원 avi「새」+tion「명접」 ○ (새가 나는 것)
명 비행술, 항공기 산업, 항공학
aviator **명** 항공기 조종사
avian **형** 새의

He has a long career in **aviation**.
그는 조종사로서 오랜 경력이 있다.

42 bush (수풀, 덤불)

잡목림 지대의 산불(bush fire)은 잡기가 힘들다.

bush
[buʃ]

어원 bush「수풀」
명 관목, 수풀, 미개간지

A bird in the hand is worth two in the **bush**.
손 안에 있는 새 한 마리는 수풀 속의 새 두 마리의 가치가 있다.

brush
[brʌʃ]

어원 ◑ (수풀처럼 뻗다)
명 곁가지, 매개척지, 덤불

The dry weather has increased the risk of **brush** fires.
건조한 날씨에는 산불의 위험성이 높아진다.

bouquet
[boukéi]

어원 ◑ (수풀처럼 많은)
명 꽃다발, 칭찬

Alice sent me a lovely **bouquet** when I was in hospital.
앨리스는 내가 입원했을 때 멋진 꽃다발을 보내주었다.

ambush
[ǽmbuʃ]

어원 am「in 안에」+bush「수풀」◑ (수풀 안에 들어가다)
통 매복하여 기습하다
명 매복, 매복 기습

She was **ambushed** by reporters.
그녀는 리포터들에게 갑자기 기습을 받았다,

43 cosmo (우주, 질서)

코스모스는 조화와 질서가 있는 아름다운 꽃이다.

---

cosmetic
[kɑzmétik]

어원 cosme「질서」+tic「형접」 ○ (몸을 정돈하다)
형 미용(성형)의, 표면적인
명 《복수형》 화장품
cosmetician **명** 미용사

She is rumored to have had **cosmetic** surgery on her face.
그녀가 얼굴을 성형수술했다는 소문이 있다.

---

cosmopolitan
[kɑ̀zməpálətən]

어원 cosmo「우주」+poli(s)「도시」+an「사람」
명 세계인
형 전 세계에 걸친, 세계주의적인
cosmopolis **명** 국제도시

She is a **cosmopolitan** in the true sense of the word.
그녀는 진정한 의미에서 세계인이다.

---

cosmic
[kɑ́zmik]

어원 cosm「우주」+ic「형접」
형 우주의, 광대무변한
cosmos **명** (the) 우주, 질서

The earthquake was a disaster of **cosmic** scale.
그 지진은 엄청난 규모의 재해였다.

---

cosmonaut
[kɑ́zmənɔ̀ːt]

어원 cosmo「우주」+naut「선원」
명 (구소련의) 우주비행사

Russian **cosmonauts** were the first people in space.
러시아의 우주비행사는 우주에 간 최초의 사람들이었다.

44 dia, die, da (날, 일)

다이어트(diet)란 원래 '하루 식사' 라는 뜻이다.

diary
[dáiəri]

어원 ◐ (매일 할당된 기록)
명 일기

She used to keep a **diary** when she was young.
그녀는 젊은 시절에 일기를 적었었다.

daisy
[déizi]

어원 ◐ (오후의 눈이라는 의미에서)
명 데이지(꽃 이름)

Daisies grow wild in many places.
데이지는 많은 곳에서 군생하고 있다.

dismal
[dízməl]

어원 dis「날」+mal「나쁜」
형 음산한, 우울한, 비참한
명 우울

His performance was **dismal**, wasn't it?
그의 연기는 참담했지요?

meridian
[mərídiən]

어원 merid「middle 중간」+dia「날」
· 명 자오선

The prime **meridian** runs through Greenwich, South London.
본초자오선은 런던 남부의 그리니치를 통과한다

45 dome (집, 주인)

돔(dome)은 '둥근 지붕' 이라는 뜻에서 왔다.

---

domestic
[dəméstik]

어원 dome「집」+tic「형접」 ○ (집 안의)
형 국내의, 가정의, 가정적인

Only **domestic** airlines use this airport.
국내선만이 이 공항을 사용하고 있다.

---

domesticate
[dəméstəkèit]

어원 domestic「가정의」+ate「동접」 ○ (가정적으로 하다)
동 길들이다, 가정적으로 하다, 교화하다
domestication 명 사육, 교화

Dogs were probably the first animals to be **domesticated**.
개들이 아마도 최초로 가축화 된 동물이었을 것이다.

---

dominate
[dámənèit]

어원 dome「집, 주인」+ate「동접」 ○ (주인이 되다)
동 지배하다. 우위를 차지하다
domination 명 지배, 통치, 우위
dominating 형 우세한, 주요한

A large country usually **dominates** over its small neighbors.
대국은 보통 이웃의 소국을 지배한다.

---

domicile
[dáməsàil]

어원 ○ (집이 있는 곳)
명 거주지, 주거
동 주거를 정하다

He was **domiciled** in Saudi Arabia.
그는 사우디아라비아에 주거를 정했다.

46 dynam (힘)

다이너마이트는 힘이나 위력을 나타낸다.

---

dynamism
[dáinəmizm]

어원 dynam「힘」+ism「특징」
명 박력, 활력
dynamic 형 정력적인, 역학상의, 동적인
dynamics 명 역학

She has a freshness and **dynamism** about her.
그녀에게는 신선함과 박력이 있다.

---

dynamo
[dáinəmòu]

어원 ○ (동력을 움직이는 힘)
명 발전기(= dynamotor), 활동가

A **dynamo** on a bicycle will power a pair of lights while the wheels are going round.
바퀴가 돌고 있는 동안에 자전거의 발전기가 램프에 전력을 보낼 것이다.

---

dynasty
[dáinəsti]

어원 dyna「힘」+ty「명접」
명 왕조, 왕가
dynastic 형 왕조의, 왕가의

These carvings date back to the Ming **Dynasty**.
이 조각 작품들은 명조로 거슬러 올라간다.

---

dynamite
[dáinəmàit]

어원 ○ (힘을 가진 것)
형 최고의, 굉장한   명 다이너마이트
동 다이너마이트로 폭파하나

Her latest album is **dynamite**.
그녀의 최신 앨범은 최고다.

47 eco (집, 환경)

에코투어(ecotourism)는 자연환경을 해치지 않는 범위 내에서 행해지는 생태관광이다.

---

economy
[ikánəmi]

어원 eco「집」+nomy「관리」
명 경제, 절약
형 덕용의, 경제적인

It is reasonable to assume that the **economy** will continue to improve.
경제가 계속 개선될 것이라는 생각은 합당하다.

---

economics
[ìːkənámiks]

어원 eco「집」+nomi「관리」+ics「학문」
명 경제학
economical 형 경제적인, 절약하는
economic 형 경제상의, 실리적인
economist 명 경제학자

She majored in **economics** at Keio University.
그녀는 케이오대학교에서 경제학을 전공했다.

---

economize
[ikánəmàiz]

어원 eco「집」+nomi「관리」+ize「동접」 ◐ (집을 관리하다)
동 절약하다

A lot of companies are trying to **economize** by not taking on new staff.
많은 기업이 새로운 직원을 채용하지 않는 것으로 절약하려고 하고 있다.

---

ecological
[èkəládʒikəl]

어원 eco「집」+log「말」+ize「형접」 ◐ (집[=지구]의 일을 말로 표현한)
형 생태학의, 환경 보호의
ecology 명 생태학

The destruction of the rain forests is an **ecological** disaster.
열대우림의 파괴는 생태학적인 참사이다.

48 flame (불꽃)

브랜디를 부어 불을 붙이는 요리는 플람베(flambé)라고 한다.

---

flame
[fleim]

어원 flame「불꽃」
명 불꽃, 연인
동 불꽃을 내며 타다, 타오르다
flaming 형 불볕이 내리쬐는, 선명한
flammable 형 가연성의

He met an old **flame** at the party.
그는 파티에서 옛 연인을 만났다.

---

aflame
[əfléim]

어원 a「~쪽으로」+flame「불꽃」
형 불타서, 불타듯이 빛나서

The trees were **aflame** with red and yellow leaves.
나무들은 붉고 노란 잎들로 불타듯이 빛났다.

---

inflame
[infléim]

어원 in「안에」+flame「불꽃」
동 자극하다, 부채질하다, 불을 붙이다
inflammable 형 가연성의 명 가연물

The governor's speech **inflamed** the crowd.
지사의 연설은 군중을 자극했다.

---

inflammatory
[inflǽmətɔ̀ːri]

어원 in「안에」+flame「불꽃」+ory「형접」
형 격앙시키는, 선동적인, 염증을 일으키는

The men were using **inflammatory** remarks about the other team's supporters.
그 남자들은 상대 팀의 서포터들을 도발하는 말을 사용하고 있었다.

49 phone (소리)

전화(telephone)는 먼 곳의 소리를 듣는 기계이다.

---

phonetic
[fənétik]

어원 phone「소리」+tic「형접」
형 음성(학)의, 발음대로의
phonetics 명 음성학

This dictionary uses the International **Phonetic** Alphabet.
이 사전은 국제음표문자를 사용하고 있다.

---

xylophone
[záiləfoun]

어원 xylo「나무」+phone「소리」 ➡ (나무로 소리를 내는 악기)
명 실로폰, 목금

He saw his son playing the **xylophone** at the concert.
그는 콘서트에서 아들이 실로폰을 연주하고 있는 것을 봤다.

---

cacophony
[kækáfəni]

어원 caco「나쁜」+phony「소리」
명 불협화음, 불쾌한 소리
cacophonous 형 불협화음의, 귀에 거슬리는

At the entrance of a farmyard, we heard a **cacophony** of animal sounds.
농가의 안뜰 입구에서 동물의 불쾌한 울음소리가 들렸다.

---

phony
[fóuni]

어원 ➡ (소리로 속인)
형 가짜의, 사기의
명 사기꾼

She spoke with a **phony** Russian accent.
그녀는 가짜 러시아 악센트로 말을 했다.

50 fume (연기)

향수(perfume)는 몸 전체에 연기를 뿌리는 것이다.

---

fume
[fju:m]

어원 ⊙ (머리에서 연기를 내며)

⑧ 몹시 화내다, 약이 오르다

⑲ 흥분, 화, 노기

"That's monstrous lie!" **fumed** Jack.

"그건 어처구니없는 거짓말이군."하고 잭은 몹시 화를 냈다.

---

fumes
[fju:mz]

어원 ⊙ (연기와 비슷한 것)

⑲ 연기, 가스, 증기

She almost choked to death in the thick **fumes**.

그녀는 탁한 연기 속에서 하마터면 질식할 뻔했다.

---

fumigate
[fjú:məgèit]

어원 fumi「연기」+ate「동접」⊙ (연기를 내다)

⑧ 훈증 소독하다

fumigant ⑲ 훈증 소독제

They tried to **fumigate** the cellar to get rid of cockroaches.

그들은 바퀴벌레를 없애기 위해 지하실을 훈증 소독하려고 했다.

---

perfume
[pə́:rfju:m]

어원 per「통하여」+fume「연기」⊙ (몸 전체에 연기를 쐬다)

⑲ 향수, 향기

⑧ 향수를 뿌리다

perfumery ⑲ 향료

She always wears cheap **perfume**.

그녀는 언제나 싸구려 향수를 뿌린다.

51 frui (대지의 산물)

대지에서 열린 과일(fruit)은 맛이 있다.

---

fruit
[fru:t]

어원 ⟳ (대지의 산물)
圐 과일, 열매
圐 열매를 맺다

Your efforts will surely bear fruit.
당신의 노력은 반드시 열매를 맺을 것이다.

---

fruitful
[frú:tfəl]

어원 fruit「대지의 산물」+ful「많은」
圐 열매가 잘 여는, 유익한, 풍부한
fruitless 圐 무익한, 열매를 맺지 않는

We had a very fruitful discussion.
우리는 대단히 유익한 토론을 했다.

---

fruition
[fru:íʃən]

어원 fruit「대지의 산물」+ion「명접」
圐 실현, 달성, 결실

As a result of our efforts, our plan finally came to fruition.
노력의 결과, 우리의 계획은 드디어 실현되었다.

---

frugal
[frú:gəl]

어원 fru「대지의 산물」+al「형접」
圐 절약하는, 검소한, 비용이 들지 않는

The diet was frugal : cheese and water, rice and beans.
식사는 검소하게 치즈와 물, 쌀과 콩이었다.

52 kin (씨, 출생)

친절한(kind) 사람은 '출생이 좋은'이라는 의미에서 왔다.

---

kin
[kin]

어원 kim「출생」
몡 혈연 (관계), 친척 (관계)

The form must be signed by next of **kin**.
그 서류는 가까운 친척에 의해 서명되어야만 한다.

---

akin
[əkín]

어원 a「~쪽으로」+kin「씨」
몡 동종의, 동족의, 유사한

What I felt was **akin** to pity rather than love.
내가 느낀 것은 사랑보다는 동정에 가깝다.

---

kindred
[kíndrid]

어원 ✪ (혈연으로 연결된 것)
몡 친척, 일족, 혈연관계
몡 동족의, 혈족의, 마음이 맞는

I think I found a lot of **kindred** spirits at the party.
파티에서 마음이 맞는 사람을 많이 찾았다고 생각한다.

---

kindergarten
[kíndərgà:rtn]

어원 kinder「아이」+garten「정원」
몡 유치원

His daughter is now in **kindergarten**.
그의 딸은 지금 유치원에 있나.

53 liqu (액체)

리큐어(liquor)는 위스키, 브랜디, 진, 럼 등의 강한 술을 말한다.

---

liquid
[líkwid]

어원 liqu「액체」+id「형접」
형 액체의, 투명한, 유동성의
명 액체

Mercury is a **liquid** at room temperature.
수은은 실온에서 액체 상태이다.

---

liquidate
[líkwidèit]

어원 liquid「액체」+ate「동접」 ○ (깨끗하게 하다)
동 부채를 지불하다, 정리하다, 청산하다
liquidation 명 청산, 정리, 파산, 변제

A unanimous vote was taken to **liquidate** the company.
회사 청산을 위한 만장일치의 투표가 실행되었다.

---

liquefy
[líkwifài]

어원 liqu「액체」+efy「동접」 ○ (액체로 하다)
동 액화하다, 용해하다
soil liquefaction 명 토양의 액화 상태

Gases **liquefy** under pressure.
기체는 압축하면 액화한다.

---

liquor
[líkər]

어원 ○ (액체)
명 독한 술

She drinks wine and beer but no **liquor**.
그녀는 와인과 맥주는 마시지만, 독한 술은 마시지 않는다.

54 omen (징조)

영화 '오멘'에서 666은 불길한 전조를 알리는 숫자로 나온다.

---

omen
[óumən]

어원 omen「징조」
명 전조, 징조

A broken mirror is an **omen** of bad luck.
깨진 거울은 불길한 징조이다.

---

ominous
[ámənəs]

어원 omin「전조」+ous「형접」
형 불길한, 기분이 나쁜

There was an **ominous** silence in the room.
방에는 기분 나쁜 침묵이 있었다.

---

abominate
[əbámənèit]

어원 ab「떨어져서」+omin「전조」+ate「동접」 ➡ (멀어지는 징조)
동 혐오하다, 몹시 싫어하다
abomination 명 혐오

He **abominates** cruelty of all kinds.
그는 온갖 종류의 잔인성을 혐오한다.

---

abominable
[əbámənəbəl]

어원 ab「떨어져서」+omin「전조」+able「형접」 ➡ (멀어져 가는 징조)
형 혐오를 일으키는, 지독한, 꺼림칙한

The weather has been **abominable** all week.
이번 주는 계속 지독한 날씨였다.

55 plant (씨를 뿌리다, 심다)

분재용 장식 용기(planter)에서 식물을 재배하다.

---

plant
[plænt]

어원 ⟳ (씨를 심어서 완성된 것)
- 몡 식물, 공장, 시설
- 통 심다, 배치하다

plantation 몡 대규모 농원

A nuclear power **plant** is being constructed in the suburbs of the city.
원자력 발전소가 그 도시의 교외에 건설되고 있다.

---

eggplant
[égplæ̀nt]

어원 egg「달걀」+ plant「식물」
- 몡 가지

Add **eggplant** to saucepan and saute in remaining oil.
스튜 냄비에 가지를 넣어 남은 기름으로 살짝 튀깁니다.

---

implant
[implǽnt]

어원 im「안에」+ plant「심다」
- 통 이식하다, 끼워 넣다, (마음에) 깊이 새기다
- 몡 이식

He was the first surgeon to **implant** the artificial heart.
그는 처음으로 인공심장을 이식한 외과 의사였다.

---

transplant
[trænsplǽnt]

어원 trans「넘어서」+ plant「심다」
- 통 이식하다, 이주시키다
- 몡 이식, 이주

Many Koreans were **transplanted** to Brazil.
많은 한국인들이 브라질로 이주했다.

56 see, sem (씨)

사계절(four seasons)은 씨를 뿌리는 시기와 연관되어 있다.

seed
[siːd]

어원 seed「씨」
명 씨, 종자, 경기 종반까지 남는 실력 있는 경기자
동 씨를 뿌리다, 시드를 배정하다
seedy 형 씨가 많은, 초라한
seedless 형 씨가 없는

You need some **seeds** to grow your garden plants from.
정원 식물을 재배하기 위해서는 씨가 필요하다.

seedling
[síːdliŋ]

어원 seed「씨」 +ling「작은」
명 묘목, 어린 나무
형 미숙한

Constant supervision of **seedling** trees was also a problem.
묘목을 한결같이 관리하는 것 또한 문제였다.

sow
[sou]

어원 ◯ (씨나 종자, 원료)
동 씨를 뿌리다

Sow the seeds outdoors in spring.
봄이 되면 밖에 씨를 뿌리시오.

disseminate
[disémənèit]

어원 dis「떨어져」 +semi「씨」 +ate「동접」, ◯ (씨를 흩뿌리다)
동 퍼뜨리다, 유포되다, 흩뿌리다
dissemination 명 보급, 씨뿌리기

Racist messages are being **disseminated** via the Internet.
인종차별주의자의 메시지는 인터넷을 통해 유포되고 있다.

57 sider, stella (별)

스텔라는 별과 같은 여자아이라는 뜻을 가진 여자 이름이다.

stellar
[stélər]

어원 stella「별」+ ar「형접」 ◐ (별의)
형 별과 같은, 일류의, 주요한

His daughter gave a **stellar** performance.
그의 딸은 일류 연기를 했다.

constellation
[kὰnstəléiʃən]

어원 con「완전히」+ stella「별」+ tion「명접」 ◐ (별을 찬찬히 보는 것)
명 별자리, 성좌

I saw that they formed the outlines of the familiar **constellations**.
나는 그것들이 친숙한 별자리 모양으로 만들어진 것을 알아차렸다.

consider
[kənsídər]

어원 con「완전히」+ sider「별」 ◐ (별을 찬찬히 보고 생각하다)
동 숙고하다, 생각하다, ~으로 여기다
considerate 형 동정심이 많은
considerable 형 상당한, 적지 않은
consideration 명 고려, 배려

Have you ever **considered** getting a new car?
새 차를 사는 것을 생각해 본 적이 있습니까?

desire
[dizaiər]

어원 de「밑에서」+ sire「별」 ◐ (별이 가져다주는 것을 밑에서 희망하며 기다리다)
동 희망하다, 바라다 명 소망
desirable 형 소망스러운
desirous 형 바라는, 소망하는

Your essay leaves nothing to be **desired**.
당신의 에세이는 더할 나위가 없다.

★ disaster : 재해 ★ astrology : 점성술 ★ astronaut : 우주비행사 ★ astronomy : 천문학

58 son, sound (소리)

사운드 오브 뮤직(Sound of Music)은 아름다운 음악이 넘쳐흐르는 1960년대의 미국 영화이다.

resound
[rizáund]

어원 re「다시」+sound「소리」 ◑ (소리가 돌아오다)
동 메아리치다, 울려 퍼지다, 소리로 가득하다
resounding 형 울려 퍼지는

The hall **resounded** with the clapping of the audience.
회장은 관중의 박수 소리가 울려 퍼졌다.

resonant
[rézənənt]

어원 re「다시」+son「소리」+ant「형접」 ◑ (소리가 돌아오다)
형 반향하는, 울리는
resonance 형 반향
resonate 동 반향하다, 울려 퍼지다, 공명하다

His voice had a deep, **resonant** tone that was a pleasure to hear.
그의 목소리는 듣기 좋도록 깊게 공명하는 톤이었다.

consonant
[kánsənənt]

어원 con「함께」+son「소리」+ant「형접」 ◑ (같은 소리를 내다)
형 일치하는, 공명의, 자음의
명 자음
consonance 명 일치, 조화, 협화음

This policy is scarcely **consonant** with the government's declared aims.
이 정책은 정부가 선언한 목표와 거의 일치하지 않는다.

supersonic
[sù:pərsánik]

어원 super「넘은」+son「소리」+ic「형접」
형 초음속의
sonic 형 음속의

Concorde was capable of traveling at **supersonic** speeds.
콩코드는 초음속으로 이동할 수 있었다.

템포(tempo)가 빠른 곡은 몸을 들썩이게 한다.

---

temporal
[témpərəl]

어원 tempo「시간」+al「형접」
형 시간의, 이승의, 현세의, 속세의
temporality 명 일시적임
temporize 동 세속화하다

The Emperor was both a **temporal** and a spiritual ruler.
황제는 현세의 통치자이며 영적인 통치자이기도 했다.

---

extemporize
[ikstémpəràiz]

어원 ex「밖에」+temp「시간」+ize「동접」 ◐ (시간을 넘기다)
동 즉흥적으로 노래하다(연주하다)

She'd lost her notes and had to **extemporize**.
그녀는 악보를 잃어버려서 즉흥적으로 연주해야 했다.

---

extempore
[ikstémpəri]

어원 ex「밖에」+temp「시간」 ◐ (시간을 넘어서)
부 즉석에서, 준비 없이(= extemporary)

They were asked to perform **extempore** at the audition.
오디션에서 그들은 즉석에서 연기를 요구받았다.

---

contemporaneous
[kəntèmpəréiniəs]

어원 con「함께」+tempo「시간」+eous「형접」
형 동시에 발생하는, 같은 시대의

The two accidents were almost **contemporaneous**.
그 두 사건은 거의 동시에 일어났다.

60 ton (소리)

스턴 건(stun gun)은 작은 모래주머니 등을 발사하는 총이다.

astonish
[əstániʃ]

어원 as「~쪽으로」+ton「소리, 천둥」+ish「동접」
통 놀라게 하다
astonishing 형 놀라게 하는, 깜짝 놀라는
astonishment 명 놀람

Einstein's work still **astonishes** physicists.
아인슈타인의 업적은 여전히 물리학자들을 놀라게 한다.

astound
[əstáund]

어원 as「~쪽으로」+tound「소리, 천둥」
통 깜짝 놀라게 하다, 간담을 서늘하게 하다
astounding 형 놀라운, 간담이 서늘한

I was **astounded** at the news.
나는 그 뉴스에 간담이 서늘해졌다.

stun
[stʌn]

어원 ○ (astonish에서)
통 기절시키다, 어리벙벙하게 하다
stunning 형 깜짝 놀라게 하는, 근사한

The animals are **stunned** before slaughter.
동물들은 죽이기 전에 기절시킨다.

detonate
[détənèit]

어원 de「밑에」+ton「소리, 천둥」+ate「동접」 ○ (천둥을 치게 하다)
통 폭발시키다, 폭발하다
detonation 명 폭발[음]

The bomb was **detonated** by terrorists using a remote-control device.
폭탄은 리모컨 장치를 이용한 테러리스트들에 의해 폭발되었다.

61 urb (도시)

도시(urban) 근교에 사는 사람들을 위한 통근용 쾌속 열차 덕분에 출퇴근 시간이 줄어들었다.

urban
[ə́:rbən]

어원 urb「도시」+an「형접」
형 도시의, 도시에 사는
urbanize **통** 도시화하다

Many people were forced to migrate from rural to **urban** areas.
많은 사람들이 시골에서 도시로 이주를 강요당했다.

urbane
[ə:rbéin]

어원 urb「도시」+ane「형접」
형 도시적인, 세련된, 우아한
urbanity **명** 도회지풍, 세련

He was an **urbane**, generous man.
그는 세련되고 관대한 남자였다.

suburb
[sʌ́bə:rb]

어원 sub「밑에」+urb「도시」
명 교외, 근교, 변두리
suburban **형** 교외의

They live in the **suburbs** of Seoul.
그들은 서울 교외에 살고 있다.

suburbanite
[səbə́:rbənàit]

어원 sub「밑에」+urb「도시」+ite「사람」
명 교외거주자
urbanite **명** 도시거주자

His father is a typical **suburbanite**.
그의 아버지는 전형적인 교외거주자이다.

62 wind, vent (바람)

창문(window)은 '바람의 눈'이라고 할 수 있다.

---

ventilate
[véntəlèit]

어원 vent「바람」+ate「동접」◎ (바람을 보내다)
통 환기하다
ventilation 명 환기
ventilator 명 환기 장치

Ventilate your kitchen when cooking.
요리를 할 때는 부엌을 환기시키시오.

---

hyperventilation
[hàipərventəléiʃən]

어원 hyper「넘어서」+ventilation「환기」◎ (정상적인 호흡을 넘은 것)
명 과호흡 (증후군)

Hyperventilation can be caused by fear or panic.
과호흡은 공포나 겁먹음이 원인이 될 수 있다.

---

windfall
[wíndfɔ̀:l]

어원 wind「바람」+fall「떨어지다」◎ (바람으로 떨어진 과실)
명 바람이 불어 떨어진 과실, 뜻밖의 횡재

Investors each received a **windfall** of $10,000.
투자가는 각각 1만 달러의 뜻밖의 수입을 얻었다.

---

windshield
[wíndʃì:ld]

어원 wind「바람」+shield「방패」◎ (바람으로부터 지키는 것)
명 전면 유리

The **windshields** on your car need to be cleaned.
당신의 자동차 전면 유리는 깨끗이 해야 합니다.

연습문제 (39~62)

1 다음의 단어들을 영어로 쓰시오.

1. 농업　　2. 일기　　3. 자오선　　4. 경제　　5. 향수
6. 액체(의)　　7. 가지　　8. 별자리　　9. 교외　　10. 전면 유리

2 다음 단어를 알맞은 형태로 바꿔서 (   ) 안에 넣으시오.

liquidate, abominate, transplant, inaugurate, dominate, ambush,
implant, consider, resound, domesticate

1. He was (　　　　　) as President in January.
그는 1월에 대통령으로 취임했다.

2. She was (　　　　　) by reporters.
그녀는 리포터들에게 갑자기 기습을 받았다.

3. Dogs were probably the first animals to be (　　　　　).
개들은 아마도 최초로 가축화 된 동물이었을 것이다.

4. A large country usually (　　　　　) over its small neighbors.
대국은 보통 이웃의 소국을 지배한다.

5. A unanimous vote was taken to (　　　　　) the company.
회사 청산을 위한 만장일치의 투표가 실행되었다.

6. He (　　　　　) cruelty of all kinds.
그는 온갖 종류의 잔인성을 혐오한다.

7. He was the first surgeon to (　　　　　) the artificial heart.
그는 처음으로 인공심장을 이식한 외과 의사였다.

8. Many Japanese were (　　　　　) to Brazil.
많은 일본인들이 브라질로 이주했다.

9. Have you ever (　　　　　) getting a new car?
새 차를 사는 것을 생각해 본 적이 있습니까?

10. The hall (　　　　　) with the clapping of the audience.
회장은 관중의 박수 소리가 울려 퍼졌다.

❸ 다음 문장의 ( ) 안에 들어갈 알맞은 형용사를 보기에서 고르시오.

> ominous, abominable, stellar, consonant, dismal, auspicious, cosmetic, kindred, domestic, akin, temporal, urbane

1. Our first meeting was not (   ).
   우리의 첫 만남은 순조롭지 못했다.

2. She is rumored to have had (   ) surgery on her face.
   그녀가 얼굴을 성형했다는 소문이 있다.

3. His performance was (   ), wasn't it?
   그의 연기는 참담했지요?

4. Only (   ) airlines use this airport.
   국내선만이 이 공항을 사용하고 있다.

5. What I felt was (   ) to pity rather than love.
   내가 느낀 것은 사랑보다는 동정에 가깝다.

6. I think I found a lot of (   ) spirits at the party.
   파티에서 마음이 맞는 사람을 많이 발견했다고 생각한다.

7. There was an (   ) silence in the room.
   방에는 기분 나쁜 침묵이 있었다.

8. The weather has been (   ) all week.
   이번 주는 계속 지독한 날씨였다.

9. His daughter gave a (   ) performance.
   그의 딸은 일류 연기를 했다.

10. This policy is scarcely (   ) with the government's declared aims.
    이 정책은 정부가 선언한 목표와 거의 일치하지 않는다.

11. The Emperor was both a (   ) and a spiritual ruler.
    황제는 현세의 통치자이며 영적인 통치자이기도 했다.

12. He was an (   ), generous man.
    그는 세련되고 관대한 남자였다.

4 다음 문장의 해석 부분을 완성하시오.

1. Many people are leaving agrarian way of life to go to the city.

   많은 사람들은 □□ □□을 떠나 도시로 간다.

2. Using herbicides is banned in this town.

   □□□ 사용은 이 마을에서는 금지되어 있습니다.

3. The city has an arboretum that is nice to walk through on a sunny day.

   그 도시에는 날씨가 맑은 날에 걸어다니기 좋은 □□□이 있다.

4. Daisies grow wild in many places.

   □□□는 많은 곳에서 군생하고 있다.

5. Sow the seeds outdoors in spring.

   봄이 되면 밖에 □□ □□시오.

6. These carvings date back to the Ming Dynasty.

   이 조각 작품들은 □□로 거슬러 올라간다.

7. The governor's speech inflamed the crowd.

   지사의 연설은 군중을 □□했다.

8. He saw his son playing the xylophone at the concert.

   그는 콘서트에서 아들이 □□□을 연주하고 있는 것을 봤다.

9. At the entrance of a farmyard, we heard a cacophony of animal sounds.

   농가의 안뜰 입구에서 동물의 □□□ □□□□가 들렸다.

10. She spoke with a phony Russian accent.

    그녀는 □□ 러시아 악센트로 말을 했다.

[정답]

1 1. agriculture 2. diary 3. meridian 4. economy 5. perfume 6. liquid 7.eggplant 8. constellation
   9. suburb 10. windshield

2 1. inaugurated 2. ambushed 3. domesticated 4. dominates 5. liquidate6. abominates 7. implant
   8. transplanted 9. considered 10. resounded

3 1. auspicious 2. cosmetic 3. dismal 4. domestic 5. akin 6. kindred 7. ominous 8. abominable
   9. stellar 10. consonant 11. temporal 12. urbane

4 1. 농업 생활 2. 제초제 3. 식물원 4. 데이지 5. 씨를 뿌리다 6. 명조 7. 자극
   8. 실로폰 9. 불쾌한 울음소리 10. 가짜

명사의 뜻을 가진 어근 1

63 anim (마음, 혼)

정령을 숭배하는 애니미즘(animism)은 종교의 가장 초기 형태이다.

---

unanimous
[juːnǽnəməs]

어원 un「하나」+ anim「마음」+ ous「형접」 ○ (마음이 하나인)
형 만장일치의, 이의가 없는

Her proposal met with **unanimous** rejection.
그녀의 제안은 만장일치로 거부되었다.

---

animosity
[æ̀nəmάsəti]

어원 anim「마음」+ ity「명접」 ○ (마음으로부터 증오하는 것)
명 적의, 적개심, 증오

There is a long history of **animosity** between the two countries.
그 두 나라 간에는 오랜 역사적인 적개심이 있다.

---

inanimate
[inǽnəmit]

어원 in「~가 아닌」+ anim「마음」+ ate「동접」 ○ (영혼이 없는)
형 생명이 없는, 활기 없는

A stone is an **inanimate** object.
돌은 무생물이다.

---

magnanimous
[məgnǽniməs]

어원 magn「큰」+ anim「마음」+ ous「형접」 ○ (큰마음을 가진)
형 도량이 큰, 관대한
pusillanimous 형 도량이 작은

She was **magnanimous** in defeat and praised her opponent's skill.
그녀는 패배했지만, 관대하게 상대의 기술을 칭찬했다.

64 blood, bleed, bless, bliss (피)

재채기를 하는 사람에게 God bless you!라고 말한다.

blood
[blʌd]

어원 blood「피」

명 피, 혈액

bloody 형 피투성이의, 피비린내 나는 부 터무니없이, 대단히
bloodless 형 빈혈의, 냉담한

High **blood** pressure is a common accompaniment to this disease.
이 병에는 고혈압이 일반적으로 뒤따른다.

bleed
[bliːd]

어원 blood「피」

동 출혈하다, 피를 흘리다, 피를 뽑다
bleeding 형 피투성이의

He was **bleeding** from cuts on the cheek.
그의 볼의 베인 상처에서 피가 흐르고 있었다.

bless
[bles]

어원 ◯ (산 제물의 피로 깨끗이 하다)

동 축복하다, 은총을 베풀다, 감사하다
blessed 형 신성한
blessing 명 축복, 은혜

She is **blessed** with excellent health.
그녀는 뛰어난 건강이라는 축복을 받았다.

bliss
[blis]

어원 ◯ (좋은 기회, 환경 등이 주어진)

명 더없는 행복, 환희
blissful 형 더없이 행복한

Her idea of **bliss** is a month in Hawaii.
그녀의 더 없는 행복은 하와이에서 한 달 지내는 것이다.

65 chief (머리)

머리에 모자를 쓴 요리장(chef)은 모든 요리사가 꿈꾸는 것이다.

chief
[tʃiːf]

어원 chief「머리」
- 형 가장 중요한, 최고 권위의
- 명 장, 우두머리, 치프
- **chiefly** 부 주로, 무엇보다도

This drink is made of **chiefly** vegetables.
이 음료는 주로 야채로 만들어졌다.

achieve
[ətʃiːv]

어원 a「~쪽으로」+chieve「머리」 ◯ (목표를 향해서)
- 동 성취하다, 획득하다
- **achievement** 명 달성, 업적

He finally **achieved** the goal of winning the first prize.
그는 마침내 우승이라는 목표를 달성했다.

underachieve
[ʌndərətʃiːv]

어원 under「밑에」+achieve「달하다」
- 동 기준에 달하지 않다, 성적이 나쁘다
- **underachiever** 명 평점 이하의 학생

I think you have **underachieved** in your job.
당신은 일의 기준에 도달하지 않았다고 생각합니다.

mischief
[místʃif]

어원 mis「반대로」+chief「달하다」 ◯ (기대를 저버리는 것)
- 명 재해, 악영향, 장난, 난처한 사태

Your kids are always getting into **mischief**.
너희 아이들은 언제나 장난만 친다.

66 man (손)

매뉴얼(manual)은 손에 들고보는 안내서이다.

---

emancipate
[imǽnsəpèit]

어원 e「밖에」+man「손」+cip「취하다」+ate「동접」
동 해방하다, 석방하다
emancipation 명 해방, 석방

Slaves were not **emancipated** until 1863 in the United States.
미국에서는 1863년까지 노예가 해방되지 않았다.

---

manure
[mənjúər]

어원 ◎ (손을 사용해서 밭을 가는 것)
명 비료, 거름 동 거름을 주다

Farmers use artificial **manure** to produce rice in this area.
이 지역의 농부들은 인공 비료를 사용해서 쌀을 생산한다.

---

maneuver
[mənúːvər]

어원 man「손」+euever「일하다」
명 작전 행동, 기동 훈련
동 작전 행동을 취하다, 교묘하게 일을 처리하다

The army is on **maneuvers** in the desert.
군대는 사막에서 기동 훈련 중이다.

---

manner
[mǽnər]

어원 ◎ (손으로 취급하는 방법)
명 방법, 태도, 《복수형》 예절, 풍습

It is bad **manners** to eat from a knife.
나이프로 먹는 것은 실례다.

67 ent (마음)

멘탈 트레이닝(mental training)으로 마음을 단련시키다.

---

demented
[diméntid]

어원 de「떨어져서」+ ment「마음」+ ed「형접」 ➲ (마음이 떨어지다)
형 제 정신을 잃은, 실성한
dementia 명 치매

He has been nearly **demented** with worry about her.
그는 그녀에 대한 걱정으로 거의 실성한 상태이다.

---

vehement
[víːəmənt]

어원 vehe「움직이다」+ ment「마음」 ➲ (마음이 움직이다)
형 열정적인, 격렬한
vehemently 부 열정적으로

He **vehemently** denied using drugs.
그는 마약을 사용하고 있는 것을 격렬하게 부정했다.

---

mention
[ménʃən]

어원 ➲ (마음에 호소하다)
동 ~에 대해 말하다, ~의 이름을 말하다, 언급하다 명 언급

"Thanks for all your help." "Don't **mention** it."
"도와주셔서 감사합니다." "천만에요."

---

commentate
[káməntèit]

어원 com「함께」+ ment「마음」+ ate「동접」 ➲ (함께 마음이 걸리다)
동 논평하다, 실황 방송을 하다
comment 명 논평, 코멘트 동 비평하다

Beckham will be **commentating** on the soccer game.
베컴이 축구 시합의 실황 방송을 할 예정입니다.

68 ped, pus (다리)

문어(octopus)는 〈octo(8개) + pus(다리)〉에서 '문어' 라는 뜻이 된다.

pedestal
[pédəstl]

어원 ped「다리」+stal「서다」
명 받침돌, 대, 기초

He replaced the vase carefully on its **pedestal**.
그는 주의 깊게 받침돌 위의 꽃병을 바꾸어 놓았다.

expedite
[ékspədàit]

어원 ex「밖에」+ped「다리」+ite「동접」 ◑ (족쇄를 벗기다)
동 촉진시키다, 진척시키다, 신속히 처리하다

We are willing to help you **expedite** your plans.
우리가 기꺼이 당신의 계획이 진척되도록 도와드리겠습니다.

impede
[impíːd]

어원 im「안에」+ped「다리」 ◑ (다리를 안에 넣다)
동 방해하다, 훼방 놓다
impediment 명 방해

The inflation is **impeding** economic recovery.
인플레이션이 경제 회복을 방해하고 있다.

impeach
[impíːtʃ]

어원 im「안에」+peach「다리」 ◑ (다리를 안에 넣다)
동 고발하다, 탄핵하다
impeachment 명 고발, 탄핵

The governor was **impeached** for using state funds improperly.
지사는 주의 자금을 부정하게 사용하여 고발되었다.

★ pedestrian : 보행자   ★ peddle : 행상하다   ★ expedition : 탐험
★ pedigree : 계도

69 psych (마음, 혼)

심리요법은 사이코테라피(psychotherapy)라고 한다.

psychotic
[saikátik]

어원 psych「마음」+tic「형접」 ○ (정신의)

형 명 정신병(의) (= psycho)

He is suffering from a **psychotic** disorder.
그는 정신장애로 고통 받고 있다.

psychology
[saikáلədʒi]

어원 psych「마음」+logy「학문」

명 심리학

psychological 형 심리학적인
psychologist 명 심리학자

He graduated from Harvard with a degree in **psychology**.
그는 심리학 학위로 하버드를 졸업했다.

psychic
[sáikik]

어원 psych「마음」+ic「형접」

형 정신의, 심령 작용을 받기 쉬운
명 영매, 심령 작용을 받기 쉬운 사람

She says she has **psychic** powers.
그녀는 자신이 심령 능력이 있다고 말한다.

psychiatry
[saikáiətri]

어원 psych「마음」+iat「치유하다」+ry「명접」

명 정신의학

psychiatrist 명 정신과 의사

That doctor is an authority on **psychiatry**.
그 의사는 정신의학의 대가이다.

70 mar (남편)

결혼반지(marriage ring)는 결혼의 상징이다.

marry
[mǽri]

어원 ⊙ (남편이 되다)

통 ~와 결혼하다, 결혼시키다

marriage **명** 결혼

The priest **married** Ken and Betty.
신부님은 켄과 베티의 결혼식을 거행했다.

marital
[mǽrətl]

어원 mar「남편」+al「형접」 ⊙ (남편이 된 상태의)

형 남편의, 부부의, 결혼의

Could I ask you about your **marital** status?
당신의 배우자의 유무에 대해 물어봐도 될까요?

premarital
[pri:mǽritl]

어원 pre「앞에」+marital「남편의」 ⊙ (남편이 되기 전의 상태의)

형 혼인 전의, 결혼 전의

He doesn't like the idea that **premarital** sex is immoral.
그는 혼전관계가 부도덕하다는 생각을 좋아하지 않는다.

extramarital
[èkstrəmǽrətəl]

어원 extra「밖의」+marital「남편의」

형 불륜의, 혼외교섭의

They have been having **extramarital** relations for ten years.
그들은 10년 동안 불륜 관계를 시속하고 있다.

71 matro, metro (어머니)

메트로폴리탄(metropolitan)은 〈모체가 되는(metro) + 도시(polis)〉에서 '대도시의, 모국의'라는 뜻이 된다.

maternity
[mətə́ːrnəti]

어원 mater「어머니」+ity「명접」 ○ (모친의 상태)
명 모성, 어머니다움
maternal 형 어머니다운, 모계의

She is on **maternity** leave.
그녀는 출산 휴가 중입니다.

matriculate
[mətríkjəlèit]

어원 matric「matrix 모체, 기반」+ate「동접」
동 대학에 입학하다
matriculation 명 대학 입학 허가

She **matriculated** in 2008.
그녀는 2008년에 대학에 입학했다.

matrilineal
[mæ̀trəlíniəl]

어원 matri「어머니」+lineal「계통의」
동 모계의, 어머니 쪽의

She traced her family history by **matrilineal** descent.
그녀는 어머니 쪽의 가계로 가족 역사를 조사했다.

alma mater
[ǽlmə máitər]

어원 alma「관대한」+mater「어머니」
명 모교, 교가

ABC University is my **alma mater**.
ABC대학은 나의 모교입니다.

72 acu (바늘, 날카로운)

cute는 가슴을 콕 찌르는 듯한 '귀여운' 이라는 뜻이다.

---

acute
[əkjúːt]

어원 acu「날카로운」 +te「형접」
형 날카로운, 예리한, 격렬한, 급성의
acuity 명 예리함, 날카로움

Dogs have an **acute** sense of smell.
개는 예리한 후각을 가지고 있다.

---

acupressure
[ǽkjuprèʃər]

어원 acu「바늘」 +press「누르다」 +ure「명접」
명 지압 (요법)

Treating yourself to **acupressure** two or three times a week will be effective.
일주일에 두세 번 지압 치료를 받는 것이 효과적일 것입니다.

---

acupuncture
[ǽkjupʌ̀ŋktʃər]

어원 acu「바늘」 +punct「찌르다」 +ure「명접」
명 침술 요법
acupuncturist 명 침술사

We were greatly impressed by the power of **acupuncture**.
우리는 침술 요법의 효력에 큰 인상을 받았다.

---

acumen
[əkjúːmən]

어원 ○ (바늘처럼 뾰죽한 것)
명 날카로움, 통찰력, 총명함

She has considerable financial **acumen**.
그녀의 정부에 관한 통찰력은 굉장했다.

111

73 alb (흰색, 흰)

앨범(album)은 사용하기 전에는 하얗게 비어있다.

---

alpine
[ǽlpain]

어원 alp「흰」+ine「형접」
형 높은 산의, 알프스 산맥의

They stayed in an **Alpine** cabin for the night.
그들은 하룻밤을 알프스의 작은 집에서 머물렀다.

---

albatross
[ǽlbətrɔ̀(:)s]

어원 ○ (흰 새)
명 신천옹, 걱정거리, 장애 *골프 용어(par보다 3타 적음)

The issue has become a political **albatross** for the government.
그 문제는 정부에 정치적인 장애가 되었다.

---

albino
[ælbáinou]

어원 ○ (흰 것으로 묶인 것)
명 (사람이나 동물의) 선천성 색소 결핍증

A rare **albino** alligator arrived at the Zoo last week.
지난 주 동물원에 진귀한 선천성 색소 결핍증의 악어가 도착했다.

---

albumen
[ǽlbjú:mən]

어원 ○ (흰 것으로 된 것)
명 알의 흰자
albumin 명 알부민(단백질의 일종)

The eggs were broken for measuring the yolk : **albumen** ratio.
노른자와 흰자의 비율 계량을 위해서 달걀을 깼다.

74 bag, bud (가방)

가방(bag) 속에 필요한 물건들을 챙겨 넣다.

---

baggage
[bǽgidʒ]

어원 bag「묶다」+age「명접」 ⊙ (묶은 것)
명 수하물

Check your **baggage** in at the desk.
수하물은 데스크에서 체크인해 주십시오.

---

budget
[bʌ́dʒit]

어원 bag「묶다」+et「작은」 ⊙ (작게 묶은 것)
명 예산, 예산안, 재정

The **budget** made an allowance for inflation.
예산은 인플레이션을 고려했다.

---

bulge
[bʌldʒ]

어원 ⊙ (부피가 늘어난 상태)
동 불룩해지다, 부풀리다
명 불룩한 부분, 일시적 증가, 급등

Her pockets were **bulging** with presents.
그녀의 주머니는 선물로 불룩해져 있었다.

---

brownbag
[braunbæg]

어원 brown「갈색」+bag「가방」 ⊙ (갈색 종이봉투에 넣어 점심을 가지고 가다)
동 (점심을) 가지고 다니다
brownbagger **명** 도시락을 가지고 다니는 회사원, 지위가 낮은 회사원

He is a billionaire, but he still **brownbags** his lunch every day.
그는 억만장자이지만, 여전히 점심을 싸가지고 다닌다.

75 ball, bull (구형)

애드벌룬(ad balloon)은 선전용 풍선. 공(ball)은 구형이라는 뜻에서 왔다.

bullet
[búlit]

어원 bull「공」+et「작은」
명 탄환, 총탄
bullet train 명 초고속 열차(탄환열차)

The soldier was killed by a **bullet** in the head.
병사는 머리에 탄환을 맞고 죽었다.

ballot
[bǽlət]

어원 ball「공」+lot「작은」
명 무기명 투표 (용지)
동 (투표, 제비뽑기로) 결정하다

He was elected by a **ballot** of all the teaching staff in the college.
그는 대학 교수진 전원의 투표로 선출되었다.

ballistic
[bəlístik]

어원 ◑ (큰 돌을 던지다)
형 탄도의, (go ballistic) 화내는

If your father finds out you've been skipping school, he'll go **ballistic**.
네가 학교를 빠지는 것을 아버지가 알게 되면 화내실 거야.

balloon
[bəlúːn]

어원 ◑ (큰 공)
명 풍선, 기구
동 부풀다, 부풀리다

Can you help me blow up these **balloons**?
이 풍선들에 바람을 넣는 것을 도와주시겠습니까?

76 bibli (책)

성서(Bible)는 책의 대명사이다.

Bible
[báibəl]

어원 ○ (책으로 된 것)
명 성경, 《소문자로》 필독서

This textbook is the computer programmer's **bible**.
이 교과서는 컴퓨터 프로그래머의 필독서입니다.

---

bibliophile
[bíbliəfàil]

어원 biblio「책」+ phile「좋아하다」
명 애서가, 서적 수집가

He is a **bibliophile** and there are more than 10,000 books in his library.
그는 애서가로 서재에는 1만권 이상의 책이 있다.

---

bibliography
[bìbliágrəfi]

어원 biblio「책」+ graphy「적다」
명 참고 문헌 일람, 저서 목록

There is a short **bibliography** in the back of the book.
책 뒤에 짧은 참고 문헌 일람이 있다.

---

biblical
[bíblikəl]

어원 bibli「책」+ cal「형접」
형 성경의

The disease dates back to **biblical** times.
그 질환은 성경 시대로 거슬러 올라간다.

77 board, bord (배 옆쪽의 판자, 테이블)

합격, 불합격을 나누는 경계선(border line)에서 희비가 교차한다.

---

board
[bɔːrd]

어원 board「판자」
명 판자, 널빤지, 식사, 위원회
통 타다, 판자를 대다, 식사를 제공하다, 하숙시키다
boarding 명 탑승, 승선, 식사를 제공하는 하숙

In October, the school **board** recommended that uniforms become compulsory.
학교 위원회는 10월에 교복의 의무화를 권고했다.

---

aboard
[əbɔ́ːrd]

어원 a「~쪽으로」+board「배의 판자」
형 승선해서, 탑승해서, 승차해서
전 ~에 타서

The plane crashed, killing all 200 people **aboard**.
그 비행기는 추락해서 200명의 탑승자 전원이 희생되었다.

---

aboveboard
[əbʌ́vbɔ̀ːrd]

어원 above「위에」+board「판자」
형 공명 (솔직)한, 있는 그대로의 부 솔직히

He is an honest businessperson and is **aboveboard** with everyone.
그는 정직한 실업가로 누구에게나 솔직하다.

---

cupboard
[kʌ́bərd]

어원 cup「컵」+board「판자」
명 찬장, 식기장

There's a lot of **cupboard** space in this kitchen.
이 부엌에는 식기장 공간이 많이 있다.

78 cal, chaf (열)

칼로리(calorie)는 열량을 재는 단위이다.

---

chafe
[tʃeif]

어원 ○ (열을 만들다)
- 통 쓸려 벗겨지게 하다, 비벼서 따뜻하게 하다, 화나게 하다
- 명 찰과상, 짜증

These brand-new shoes **chafed** my feet.
이 새 구두에 발의 살갗이 벗겨졌다.

---

scald
[skɔːld]

어원 s「ex 완전히」+cald「열」
- 통 (뜨거운 물, 김 따위로) 데게 하다, 열탕 소독하다
- 명 화상

Be careful not to **scald** yourself with the steam.
증기에 화상을 입지 않도록 주의하시오.

---

nonchalant
[nànʃəláːnt]

어원 non「~가 아닌」+chal「열」+ant「형접」 ○ (뜨거워지지 않는)
- 형 무관심한, 냉담한
- **nonchalance** 명 무관심

When Bill came in, Jane glanced up, trying to appear **nonchalant**.
빌이 들어왔을 때, 제인은 무관심한 척하면서 힐끔 쳐다봤다.

---

calm
[kɑːm]

어원 ○ (하루의 더위를 피하기 위한 휴식)
- 형 평온한, 고요한, 냉정한, 침착한
- 명 조용함, 평온
- **becalmed** 형 (바람이 불지 않아 배가) 멈춘

I was surprised to see him so **calm**, at such a time.
그런 때에 그가 대단히 침착한 것을 보고 나는 놀랐다.

열광적인 팬(fan)의 열렬한 응원 덕분에 선수들은 기운이 되살아나는 것을 느꼈다..

fanatic
[fənǽtik]

어원 ⊙ (신이 내린)
명 광신자, 열광적인 지지자

Gandhi was killed by a religious **fanatic**.
간디는 종교적 광신자에 의해 살해되었다.

fanatical
[fənǽtikəl]

어원 ⊙ (신이 내린)
형 광신적인, 열광적인, 열렬히 지지하는

He is known as a **fanatical** supporter for the Giants.
그는 자이언츠의 열광적인 서포터로 알려져 있다.

fanaticism
[fənǽtəsìzəm]

어원 fanatic「광신자」+ism「병적 상태」
명 광신적인 언동, 열광

The political leader's increasing **fanaticism** has caused him to lose many of his followers.
그 정치 지도자가 내뱉는 광신적인 언동의 증가로 인해 많은 지지자를 잃었다.

profane
[prəféin]

어원 pro「앞」+fan「신전」 ⊙ (신전 밖에서)
형 비속한, 신성을 더럽히는, 세속적인
통 모독하다, 신성을 더럽히다
profanity 명 모독

He is always using **profane** language.
그는 언제나 비속한 언어를 사용한다.

80 feast, fest, fete, fair (축제)

'축제'는 페스티벌(festival)이다.

---

feast
[fíːst]

어원 feast「축제」
- 명 축제, 축일, 축하연, 연회, 이목을 즐겁게 하는 것
- 통 성찬을 대접하다, 즐겁게 보다(듣다)

There were over 100 guests at the wedding feast.
결혼 피로연에는 100명 이상의 하객이 있었다.

---

fete
[fíːt]

어원 ○ (대문 밖에서 열리며 때로는 기부를 모으기 위한 축제)
- 명 축제, 축전, 축하연

They're holding the village fete on the green.
녹지에서 마을 축제가 열리고 있다.

---

fair
[fɛər]

어원 ○ fair「축제」
- 명 품평회, 바자회, 정기적으로 서는 장

I bought a watch chain at the local antiques fair.
나는 지역 앤티크 바자회에서 회중시계 줄을 샀다.

---

festive
[féstiv]

어원 fest「축제」+ive「형접」
- 형 축제의, 흥겨운
- **festivity** 명 흥겨움, 축전

George is obviously in a festive mood.
조지는 확실히 축제 기분이다.

81 fig (형태)

김연아는 얼음 위를 달리면서 도형을 그리는 피겨(figure) 스케이트의 여왕이다.

figure
[fígjər]

어원 fig「만들다」+ure「명접」 ◐ (만든 것)
명 형태, 모양, 사람의 모습, 숫자, 숫자 계산
동 계산하다, 묘사하다

She has been a central **figure** in the campaign.
그녀는 그 캠페인에서 중심적인 인물이었다.

disfigure
[disfígjər]

어원 dis「~하지 않다」+figure「형태」
동 외관을 망가뜨리다, 보기 흉하게 하다, 훼손시키다
disfigurement 명 손상, 결점

Wrinkles and brown spots **disfigured** the skin.
주름과 갈색 반점이 피부를 보기 흉하게 한다.

figment
[fígmənt]

어원 fig「만들다」+ment「명접」 ◐ (만든 것)
명 꾸며낸 일(이야기), 허구

She says she saw a UFO in the mountain, but that was a **figment** of her imagination.
그녀는 산에서 UFO를 봤다고 말했지만, 그것은 그녀가 꾸며낸 이야기였다.

effigy
[éfədʒi]

어원 e「밖에」+fig「만들다」+gy「명접」 ◐ (만들어낸 것)
명 초상, (미워하는 사람의 모습과 비슷하게 만든) 인형

Crowds were burning **effigies** of the president.
군중은 대통령 모양으로 만든 인형을 태우고 있었다.

82 fil (실)

필레(fillet)란 얇게 저민 고기를 말한다.

profile
[próufail]

어원 pro「앞에」+file「실을 잣다」 ◑ (선을 긋다)
명 옆얼굴, 윤곽 **동** 윤곽을 그리다

This picture shows the girl in **profile**.
이 사진은 소녀의 옆얼굴을 보여준다.

fillet
[fílit]

어원 ◑ (원래는 머리 끈이라는 뜻에서)
명 (소고기, 돼지고기, 생선 따위의) 뼈를 발라 낸 고기, 머리 띠
동 (생선의) 살을 발라내다

Salmon is a relatively easy fish to **fillet**.
연어는 뼈를 발라내기가 비교적 간단하다.

filament
[fíləmənt]

어원 fila「실을 잣다」+ment「명접」 ◑ (실을 잣은 것)
명 가는 실, (전구의) 필라멘트

Toothbrushes should be replaced when the **filaments** become worn.
칫솔은 가는 실이 마모되면 교환하는 편이 좋다.

fiber
[fáibər]

어원 ◑ (가는 실)
명 섬유, 섬유조직, 섬유질, 성격, 본질

Fruit and vegetables are high in **fiber** content.
과일과 채소는 섬유질 함유량이 높다.

83 forest, foreign (밖)

서울의 '국제 포럼'은 공개토론 장소로 널리 알려졌다.

---

foreign
[fɔ́(ː)rin]

어원 foreign「밖」

형 외국의, 다른 곳에서 들어온, 적절하지 못한

Honesty is **foreign** to his nature.
정직은 그의 본성에 맞지 않는다.

---

forest
[fɔ́(ː)rist]

어원 ⊙ (대문 밖에 있는 것)

명 삼림, 숲
forestry 명 산림학, 산림 관리
forester 명 산림 관리자

They went on a hike through the **forest**.
그들은 하이킹을 해서 숲을 지나갔다.

---

afforestation
[əfɔ̀ːrəstéiʃən]

어원 a(f)「~쪽으로」+ forest「삼림」+ tion「명접」 ⊙ (삼림을 향하는 것)

명 조림, 식림
afforest 동 삼림으로 만들다, 식림하다
deforest 동 삼림을 쳐내다
deforestation 명 삼림 쳐내기

Afforestation has completely changed the countryside since 1960s.
1960년부터 해온 식림으로 그 시골은 완전히 바뀌었다.

---

forum
[fɔ́ːrəm]

어원 for「문 밖에」+ um「장소」 ⊙ (밖에 있는 장소)

명 공개 토론장, 좌담회

The association began as a **forum** for sharing ideas about management problems.
협회는 경영문제에 관한 생각을 공유하기 위한 공개토론장으로 시작되었다.

84 form (형태)

포멀(fomal)이란 '형태가 결정된'에서 왔다.

formulate
[fɔ́:rmjəlèit]

어원 form「형태」+ate「동접」 ⊕ (형태를 만들다)
동 명료하게 말하다, 명확한 형태로 나타내다, 공식화하다

He has lots of good ideas, but he has difficulty **formulating** them.
그는 좋은 생각을 많이 가지고 있으나, 그것을 명확한 형태로 나타낼 수가 없다.

formula
[fɔ́:rmjələ]

어원 ⊕ (형태가 결정된 것)
명 형식적인 문구, 공식

There is no magic **formula** for passing exams — only hard work.
시험에 합격하기 위한 마법의 공식은 없다. — 단지 노력뿐이다.

formality
[fɔ:rmǽləti]

어원 form「형태」+al「형접」+ty「명접」 ⊕ (형태에 구애되는 것)
명 형식적임, 딱딱함, 형식적 행위

The interview will be a mere **formality**.
인터뷰는 형식적인 것에 불과할 것이다.

informant
[infɔ́:rmənt]

어원 inform「알리다」+ant「사람」
명 자료 제공자

This survey is based on information from over 300 **informants**.
이 조사는 300명 이상의 자료 제공자로부터 얻은 정보를 토대로 하고 있다.

★ reform : 개혁하다 ★ inform : 알리다 ★ conform : 따르다
★ perform : 상연하다

85 front (앞)

워터 프론트(waterfront)란 '바로 앞에 바다가 있다' 는 뜻이다.

---

waterfront
[wɔ́ːtərfrʌ̀nt]

어원 water「물」+front「앞」 ◑ (앞에 바다가 있음)
명 해안거리, 강가의 강기슭

He lives in a **waterfront** apartment.
그는 해안거리의 아파트에 살고 있다.

---

affront
[əfrʌ́nt]

어원 a「~쪽에」+front「앞」 ◑ (앞에 내다)
통 모욕하다
명 모욕

He felt most **affronted** by her comments.
그는 그녀의 논평에 모욕을 당했다고 생각했다.

---

confront
[kənfrʌ́nt]

어원 con「함께」+front「앞」 ◑ (서로 얼굴을 마주보다)
통 직면하다, 맞서다
confrontation 명 직면, 대결

The country is **confronted** with a lot of economic problems.
그 나라는 많은 경제문제에 직면하고 있다.

---

frontage
[frʌ́ntidʒ]

어원 front「앞」+age「명접」
명 (건물, 토지의) 정면, (도로, 물가에 면한) 집 앞의 땅,

The estate for sale includes two miles of river **frontage**.
매각 중인 토지에는 강 2마일과 면해 있는 토지가 포함되어 있다.

86 gale (노래, 즐거운)

용평리조트 스키장에서 스키를 즐기다.

nightingale
[náitəŋgèil]

어원 night「밤」+gale「노래」 ◎ (밤에 노래를 부르다)
명 나이팅게일, 목소리가 아름다운 가수

A **nightingale** is a small brown European bird noted for its beautiful singing.
나이팅게일은 아름다운 노랫소리로 알려진 유럽산의 작은 갈색 새이다.

gala
[géilə]

어원 ◎ (환락)
명 축제, 경축, 나들이 옷

The festival climaxed on Sunday with a **gala** concert.
축제는 일요일에 열린 갈라 콘서트로 최고조에 달했다.

gallant
[gǽlənt]

어원 gal「즐거운」+ant「형접」 ◎ (믿음직스러운)
형 용감한, 늠름한

The man's **gallant** act saved her life.
그 남성의 용감한 행동이 그녀의 목숨을 구했다.

regale
[rigéil]

어원 re「완전히」+gale「즐거운」 ◎ (완전히 즐겁게 하다)
동 즐겁게 하다, 기쁘게 하다, 진수성찬을 베풀다, 대접하다

He **regaled** us with stories of his youth.
그는 젊은 시설의 이야기로 우리들을 즐겁게 했다.

87 med, mean (중간)

고기 익힘은 중간 정도인 미디엄(medium)으로 하다.

mean
[miːn]

어원 mean「중간」
형 중간의, 평균의   명 중간, 평균

The **mean** annual rainfall was 552mm.
연간 평균 강우량은 552밀리미터였다.

meantime
[míːntàim]

어원 mean「중간의」+time「시간」
명 짬, 그 동안
meanwhile 부 그 동안

Your computer won't be arriving till Monday. In the **meantime**, you can use mine.
당신의 컴퓨터는 월요일까지 오지 않을 겁니다. 그동안 제 컴퓨터를 사용해도 됩니다.

mediocre
[mìːdióukər]

어원 med「중간의」+ocre「톱날처럼 깔쭉깔쭉한 산」
형 보통의, 평범한, 이류의
mediocrity 명 평범, 보통, 평범한 사람

Everyone thought the play was only **mediocre**.
그 연극은 그저 평범할 뿐이라고 모두 생각했다.

intermediate
[ìntərmíːdiit]

어원 inter「사이」+med「중간」+ate「형접」
형 중급의, 중간의
명 중간물, 중재인

This novel is suitable for **intermediate** students of English.
이 소설은 중급의 영어학습자에게 적합하다.

★ medium : 중간의   ★ mediate : 조정하다   ★ medieval : 중세의   ★ immediate : 즉석의

126

88 number (숫자)

넘버링(numbering) 머신으로 번호를 매기다.

numeral
[njúːmərəl]

어원 num「숫자」+ral「형접」
형 수를 나타내는
명 숫자

Write down your birthday in Arabic **numerals**.
아라비아 숫자로 당신의 생일을 쓰시오.

numerical
[njuːmérikəl]

어원 num「숫자」+ical「형접」
형 수의, 숫자로 표시된
numerate 통 ~을 세다, 수식을 읽다
enumerate 통 ~을 세다

Sort the data in **numerical** order.
번호 순으로 데이터를 분류하시오.

numerous
[njúːmərəs]

어원 num「숫자」+ous「형접」
형 매우 많은

Sex crimes were just as **numerous** as they are today.
성범죄는 오늘날과 마찬가지로 아주 많았었다.

innumerable
[injúːmərəbəl]

어원 in「~가 아닌」+num「숫자」+able「할 수 있는」
형 무수한, 헤아릴 수 없는

There are **innumerable** stars seen at night in this area.
이 지역에는 밤이 되면 무수한 별이 보인다.

멜로디(melody)는 〈mel (달콤한) + ody(노래)〉에서 왔다.

---

ode
[oud]

어원 ⊙ (시나 노래)
명 송가 (특정한 사람이나 사물을 읊는 서정시)

"**Ode** to a Nightingale" is a poem by Keats.
"나이팅게일에게 바침"은 키츠가 쓴 시이다.

---

comedy
[kámədi]

어원 com「연회」+edy「노래」
명 희극, 코미디
comical **형** 희극의
comedian **명** 희극 배우

His latest movie is described as a "romantic **comedy**."
그의 최신 영화는 로맨틱 코미디(희극)라고 한다.

---

tragedy
[trǽdʒədi]

어원 trag「산양」+edy「노래」 ⊙ (옛날에 반인반수인 신으로 분장하기 위해 산양 가죽을 입은 데서)
명 비극, 참사, 불행
tragic **형** 비극의

It's a **tragedy** that the writer died so young.
그 작가가 그렇게 젊어서 죽은 것은 비극이다.

---

prosody
[prásədi]

어원 pros「~을 향해서」+ody「노래」
명 작시법, 운율학
prosodist **명** 운율학자

The professor is an expert in **prosody**.
그 교수는 운율학의 대가이다.

연습문제 (63~75)

1 다음의 단어들을 영어로 쓰시오.

1. 혈액   2. 더없는 행복   3. 장난, 재해   4. 심리학   5. 결혼   6. 모성   7. 수하물
8. 예산   9. 풍선   10. 탄환

2 다음 단어의 뜻을 ⓐ~ⓙ에서 고르시오.

1. unanimous	2. animosity	3. manure	4. pedestal	5.psychiatry
6. alma mater	7. acupuncture	8. acumen	9. ballot	10. albatross

ⓐ 모교   ⓑ 정신의학   ⓒ 침술 요법   ⓓ 통찰력   ⓔ 무기명 투표   ⓕ 받침돌
ⓖ 비료   ⓗ 전원 일치의   ⓘ 적의   ⓙ 신천옹

3 다음 문장의 (   ) 안에 들어갈 알맞은 형용사를 보기에서 고르시오.

matrilineal, acute, inanimate, extramarital, marital, demented,
magnanimous, psychotic, ballistic, psychic

1. She was (   ) in defeat and praised her opponent's skill.
   그녀는 패배했지만, 관대하게 상대의 기술을 칭찬했다.
2. He has been nearly (   ) with worry about her.
   그는 그녀에 대한 걱정으로 거의 실성한 상태이다.
3. He is suffering from a (   ) disorder.
   그는 정신장애로 고통 받고 있다.
4. She says she has (   ) powers.
   그녀는 자신이 심령 능력이 있다고 말한다.
5. Could I ask you about your (   ) status?
   낭신의 배우지의 유무에 대해 물어봐도 될까요?
6. Thy have been having (   ) relations for ten years.
   그들은 10년 동안 불륜 관계를 지속하고 있다.
7. She traced her family history by (   ) descent.
   그녀는 어머니 쪽의 가계로 가족 역사를 조사했다.
8. If your father finds out you've been skipping school, he'll go (   ).

네가 학교를 빠지는 것을 아버지가 알게 되면 화내실 거야.

9. Dogs have an (　　　　　　　) sense of smell.

개는 예리한 후각을 가지고 있다.

10. A stone is an (　　　　　　) objects.

돌은 무생물이다.

4 다음 단어를 (필요하다면) 알맞은 형태로 바꿔서 (　) 안에 넣으시오.

mention, matriculate, brownbag, impede, bleed, impeach, bulge, expedite, achieve, emancipate

1. The inflation is (　　　　　　　) economic recovery.

인플레이션이 경제 회복을 방해하고 있다.

2. He was (　　　　　　) from cuts on the cheek.

그의 볼의 베인 상처에서 피가 흐르고 있었다.

3. He finally (　　　　　　　) the goal of winning the first prize.

그는 마침내 우승이라는 목표를 달성했다.

4. Slaves were not (　　　　　　　) until 1863 in the United States.

미국에서는 1863년까지 노예는 해방되지 않았다.

5. "Thanks for all your help." "Don't (　　　　　　) it."

"도와주셔서 감사합니다." "천만에요."

6. We are willing to help you (　　　　　　　) your plans.

우리가 기꺼이 당신의 계획이 진척되도록 도와드리겠습니다.

7. The governor was (　　　　　　　) for using state funds improperly.

지사는 주의 자금을 부정하게 사용하여 고발되었다.

8. She (　　　　　　) in 2008.

그녀는 2008년에 대학에 입학했다.

9. her pockets were (　　　　　　) with presents.

그녀의 주머니는 선물로 불룩해져 있었다.

10. He is a billionaire, but he still (　　　　　　　) his lunch every day.

그는 억만장자이지만, 여전히 점심을 싸가지고 다닌다.

[정답]

1 1. blood 2. bliss 3. mischief 4. psychology 5. marriage 6. maternity 7. baggage
8. budget 9. balloon 10. bullet

2 1. ⓗ 2. ⓘ 3. ⓖ 4. ⓕ 5. ⓑ 6. ⓐ 7. ⓒ 8. ⓓ 9. ⓔ 10. ⓙ

3 1. magnanimous 2. demented 3. psychotic 4. psychic 5. marital 6. extramarital 7. matrilineal
8. ballistic 9. acute 10. inanimate

4 1. impeding 2. bleeding 3. achieved 4. emancipated 5. mention 6. expedite 7. impeached
8. matriculated 9. bulging 10. brownbags

연습문제 (76~89)

1 다음의 단어들을 영어로 쓰시오.

1. 식기장 2. 축제 3. 품평회 4. 형태, 모양 5. 섬유 6. 숲 7. 공식
8. 외국인 9. 희극 10. 비극

2 다음 문장의 해석 부분을 완성하시오.

1. computer programmer's bible (컴퓨터 프로그래머의 □□□)
2. biblical times (□□의 시대)
3. religious fanatic (종교적 □□□)
4. profane language (□□한 언어)
5. village fete (마을 □□)
6. festive mood (□□ 기분)
7. figment of her imagination (그녀의 꾸며낸 □□□)
8. gallant act (□□한 행동)
9. mean annual rainfall (연간 □□ 강우량)
10. Arabic numerals (아라비아 □□)

3 다음 단어를 알맞은 형태로 바꿔서 (   ) 안에 넣으시오.

regale, disfigure, chafe, affront, formulate, scald, confront, fillet

1. These brand-new shoes (   ) my feet.
   이 새 구두에 발의 살갗이 벗겨졌다.
2. Be careful not to (   ) yourself with the steam.
   증기에 화상을 입지 않도록 주의하시오.
3. Wrinkles and brown spots (   ) the skin.
   주름과 갈색 반점이 피부를 보기 흉하게 한다.
4. Salmon is a relatively easy fish to (   ).
   연어는 뼈를 발라내기가 비교적 간단합니다.
5. He has lots of good ideas, but he has difficulty (   ) them.
   그는 좋은 생각을 많이 가지고 있으나, 그것을 명확한 형태로 나타낼 수가 없다.
6. He felt most (   ) by her comments.
   그는 그녀의 논평에 모욕을 당했다고 생각했다.

7. The country is (　　　　　　) with a lot of economic problems.

그 나라는 많은 경제문제에 직면하고 있다.

8. He (　　　　　　) us with stories of his youth.

그는 젊은 시절의 이야기로 우리들을 즐겁게 했다.

❹ 다음 문장의 (　　) 안에 들어갈 알맞은 단어를 쓰시오.

1. The plane crashed, killing all 200 people (　　　　　　).

그 비행기는 추락해서 200명의 탑승자 전원이 희생되었다.

2. I was surprised to see him so (　　　　　　) at such a time.

그런 때에 그가 대단히 침착한 것을 보고 나는 놀랐다.

3. He is known as a (　　　　　　) supporter for the Giants.

그는 자이언트의 열광적인 서포터로도 알려져 있다.

4. This picture shows the girl in (　　　　　　).

이 사진은 소녀의 옆얼굴을 보여준다.

5. Honesty is (　　　　　　) to his nature.

정직은 그의 본성에 맞지 않는다.

6. This survey is based on information from over 300 (　　　　　　).

이 조사는 300명 이상의 자료 제공자로부터 얻는 정보를 토대로 하고 있다.

7. The festival climaxed on Sunday with a (　　　　　　) concert.

축제는 일요일에 열린 축제 콘서트로 최고조에 달했다.

8. Everyone thought the play was only (　　　　　　).

그 연극은 그저 평범할 뿐이라고 모두 생각했다.

9. This novel is suitable for (　　　　　　) students of English.

이 소설은 중급의 영어학습자에게 적합하다.

10. There are (　　　　　　) stars seen at night in this area.

이 지역에는 밤이 되면 무수한 별이 보인다.

[정답]

❶ 1. cupboard 2. feast 3. fair 4. figure 5. fiber 6. forest 7. formula 8. foreigner 9. comedy 10. tragedy

❷ 1. 필독서 2. 성서 3. 광신자 4. 비속 5. 축제 6. 축제 7. 이야기 8. 용감 9. 평균 10. 숫자

❸ 1. chafed 2. scald 3. disfigured 4. fillet 5. formulating 6. affronted 7. confronted 8. regaled

❹ 1. aboard 2. calm 3. fanatical 4. profile 5. foreign 6. informants 7. gala 8. mediocre 9. intermediate
   10. innumerable

133

You
can
do
it!

Chapter

5

형용사의 뜻을 가진 어근

90 blan, blea (흰)

blanket 〈blank(흰) + et(작은)〉은 '희고 작은 것'에서 '담요'라는 뜻이 된다.

---

blank
[blæŋk]

어원 ⊙ (색이 없는 부분)
형 백지의, 무표정한   명 공백, 백지
동 말소하다, 비우다

Draw a circle of a **blank** page in your notebook.
노트의 백지 지면에 원을 그리시오.

---

blanch
[blæntʃ]

어원 ⊙ (색이 없게 하다)
동 창백해지다, 끓는 물에 데치다, 표백하다(= bleach)

Their faces **blanched** with fear at the news.
뉴스를 듣자 그들의 얼굴은 공포로 창백해졌다.

---

bleach
[bliːtʃ]

어원 ⊙ (희게 하다)
동 표백하다
명 표백제

She scrubbed the counters with **bleach**.
그녀는 표백제로 계산대를 북북 문질렀다.

---

bleak
[bliːk]

어원 ⊙ (텅 빈 상태)
형 (풍경이) 황량한, 어두운, 바람이 살을 에는 듯한

The future looks **bleak** for the fishing industry.
어업의 미래는 어두울 것으로 생각된다.

91 barb, brav (야만적인)

투우에서 투우사에게 '브라보(bravo)'라고 외치며 관객들이 환호하다.

bravery
[bréivəri]

어원 brav「야만적인」+ery「총칭」 ⊙ (야만적인 행동)
몡 용감성, 용기
brave 혱 용감한

He was awarded a medal for his **bravery**.
그는 용기 있는 행동으로 메달을 받았다.

bravado
[brəvá:dou]

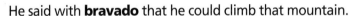

어원 brav「야만적인」+ado「놀람」
몡 허세, 허장성세

He said with **bravado** that he could climb that mountain.
그는 그 산에 오를 수 있다고 허세를 부리며 말했다.

barbarous
[bá:rbərəs]

어원 brab「야만적인」+ous「형접」
혱 잔인한, 시끄러운, 미개한
barbarize 동 야만스러워지다

How can we forgive such **barbarous** behavior?
어떻게 그런 잔인한 행동을 용서할 수 있을까요?

barbaric
[bɑ:rbǽrik]

어원 brab「야만적인」+ic「형접」
혱 야만인의, 야만적인, 미개한, 저속한

She found the idea of killing animals for pleasure **barbaric**.
그녀는 재미로 동물을 죽이겠다는 생각은 야만적이라고 생각했다.

92 cast, chast (순수한, 때 묻지 않은)

순수한 혈통만으로 나뉜 카스트(caste) 제도는 인도 특유의 세습신분제도였다.

---

chaste
[tʃeist]

어원 chast「순수한」+e「형접」
형 정숙한, (성적으로) 순결한, 더렵혀지지 않은, 우아한

That couple was **chaste** until their marriage.
그 커플은 결혼할 때까지 순결한 관계였다.

---

chasten
[tʃeisən]

어원 chaste「순수한」+en「동접」 ◎ (순수한 것으로 하다)
동 (신이 내리는 고난이 인간을 바로잡기 위해) 혼내다, 단련하다, (사상 따위를) 순화하다

From this **chastening** experience, he learned some useful lessons.
이런 단련된 경험에서 그는 몇 가지 유익한 교훈을 배웠다.

---

castigate
[kǽstəgèit]

어원 cast「때 묻지 않은」+ate「동접」 ◎ (때 묻지 않은 것으로 하다)
동 응징하다, 징벌하다, 혹평하다
castigation 명 징벌, 혹평

She **castigated** herself for being so stupid.
그녀는 그 정도로 어리석었던 자신을 혹평했다.

---

chastise
[tʃæstáiz]

어원 hcast「때 묻지 않은」+ise「동접」 ◎ (때 묻지 않은 것으로 하다)
동 체벌을 가하다, 몹시 비난하다, 혼내주다

I don't want you to **chastise** yourself.
네가 자신을 자책하지 않기를 바란다.

93 fla (평평한)

100m달리기에서 10초 플랫(flat)의 기록은 대단한 것이다.

---

flat
[flæt]

어원 ♻ (평평하게 유지하다)

휑 평평한, 수평의, 기운이 없는, 단조로운, 지루한, 반음 내리는
튄 단호히, 정확히 명 아파트

Her voice was **flat** and expressionless.

그녀의 목소리는 단조로웠으며 무표정했다.

---

flatten
[flǽtn]

어원 flat「평평한」+en「동접」

통 평평하게 하다, 반음 내리다, 기를 죽이다, 시시하게 하다

Flatten the surface of the grass with a roller.

땅 고르는 기계로 잔디 표면을 평평하게 하시오.

---

flatter
[flǽtər]

어원 flat「평평한」+er「반복」 ♻ (머리를 몇 번이나 숙이다)

통 아첨하다, 비위를 맞추다, (초상화 따위를) 실물보다 아름답게 그리다
flattery 명 아첨(의 말)
flattering 휑 아첨하는, 실제보다 돋보이게 하는

Clever tailoring can **flatter** your figure.

솜씨 좋은 재봉은 외관을 돋보이게 할 수 있다.

---

flake
[fleik]

어원 ♻ (평평한 것)

명 얇은 조각, 한 조각
통 벗겨져 떨어지다, 얇게 조각내다

My room needs decorating — **flakes** of paint keep coming off the walls.

내 방은 페인트칠을 해야 한다. — 페인트의 얇은 조각이 벽에서 벗겨지고 있다.

94 hal, hail (완전한, 건강한)

욕실에 놓는 체중계(bathroom scale)로 건강관리를 하다.

---

hail
[heil]

어원 ◐ (건강하게 인사하다)
⑧ 환호하여 맞이하다, 큰 소리로 부르다, ~에게 인사하다

The President **hailed** the astronauts when they returned from the moon.
대통령은 달에서 돌아온 우주비행사들을 환호하며 맞이했다.

---

inhale
[inhéil]

어원 in「안에」+hail「숨」 ◐ (숨을 안에 넣다)
⑧ 숨을 들이쉬다, 흡입하다
inhaler ⑲ 흡입기, 공기 청정기

He closed his eyes and **inhaled** deeply.
그는 눈을 감고 심호흡을 했다.

---

exhale
[ekshéil]

어원 ex「밖에」+hail「숨」 ◐ (숨을 밖으로 내다)
⑧ 숨을 토해내다, (냄새를) 발산하다
exhalation ⑲ 숨을 토해내기

I saw her **exhaling** the smoke through her nose.
나는 그녀가 코에서 담배 연기를 토해내는 것을 보았다.

---

heal
[hi:l]

어원 ◐ (건강한 상태가 되다)
⑧ 고치다, 낫다, 치유되다, 정화하다
healing ⑲ 고치는, 치료의

The wounds will gradually **heal** up.
상처는 서서히 나을 것이다.

95 hol, whol (완전한)

one whole cake란 통째로 된 케이크 하나를 말한다.

holy
[hóuli]

어원 ⊕ (완전한)
형 신성한, 종교상의
holiday 명 휴일, 축일

Christmas is a **holy** day.
크리스마스는 신성한 날이다.

hallowed
[hǽloud]

어원 hallow「완전한」+ed「～된」 ⊕ (신성한 것이 된)
형 신성한, 신성시되는

The bones were buried in **hallowed** ground.
뼈는 신성한 대지에 묻혔다.

whole
[houl]

어원 ⊕ (완전한)
형 전체의, 모든, 완전히 갖춰진
wholly 부 전혀, 한결같이, 전체적으로

You are not telling the **whole** truth.
당신은 모든 진실을 얘기하지 않고 있다.

wholesome
[hóulsəm]

어원 whole「완전한」+some「형접」
형 건강해 보이는, 건전한

She looks like a nice, **wholesome**, young woman.
그녀는 멋있고 건강해 보이는 젊은 여성이다.

롱 슛(long shoot)으로 골을 넣은 축구선수가 동료들의 축하를 받다.

longing
[lɔ́(:)ŋiŋ]

어원 ⊙ (목을 길게 빼고 있는 것)
명 열망, 갈망, 동경
long 동 열망하다, 동경하다

He has a **longing** to see his old friends.
그는 옛 친구를 만나기를 갈망하고 있다.

belong
[bilɔ́(:)ŋ]

어원 be「완전히」+long「긴」 ⊙ (완전히 손을 뻗다)
동 소속하다, 소유물이다, 있어야 할 장소에 있다
belongings 명 소유물, 재산

I feel like I don't **belong** here.
이곳은 내가 올 곳이 못되는 것 같다.

linger
[líŋgər]

어원 ling「오랜」+er「~보다」 ⊙ (계속 오랫동안 있다)
동 꾸물거리다, 좀처럼 없어지지 않다, 시간이 걸리다
lingering 형 우물쭈물하는, 망설이는

Her perfume **lingered** even after she had gone.
그녀는 떠났지만, 그녀의 향수 냄새는 아직도 남아 있다.

elongate
[ilɔ́:ŋgeit]

어원 e「떨어져서」+long「긴」+ate「동접」 ⊙ (늘이다)
동 잡아 늘이다, 연장하다, 늘어나다
elongation 명 늘어남, 연장

The mirror is curved so that it **elongated** my image, making me look tall and thin.
거울이 휘어져 있어서 내 모습이 늘어나 키가 크고 말라보였다.

★ length : 길이 ★ longevity : 장수 ★ longitude : 경도 ★ prolong : 연기하다

97 mega (거대한)

메가폰(megaphone)을 잡는 것은 감독이다.

megalith
[mégəliθ]

어원 mega「거대한」+lith「돌」
명 거석, 《고고학》 거석 기념물
megalithic 형 거석의, 거석문화의

Priests in ancient England placed **megaliths** in a circle for religious worship.
고대 잉글랜드의 신부들은 종교숭배를 위해 원형으로 거석을 세웠다.

megalomania
[mègəlouméiniə]

어원 mega「거대한」+mania「열광」
명 과대망상증
megalomaniac 형 과대망상의

Megalomania is sometimes a mental illness.
과대망상증은 때로는 정신병이 된다.

megalopolis
[mègəlápəlis]

어원 mega「거대한」+polis「도시」
명 거대도시
megalopolitan 형 거대도시의

The densely populated **megalopolis** lies along the East Coast.
인구가 밀집된 거대도시는 동해안을 따라서 있다.

megastore
[mégəstɔ:r]

어원 mega「거대한」+store「가게」
명 초대형 가게

More and more **megastores** are being built in the suburbs of the city.
도시 교외에 점점 더 많은 초대형 가게가 세워지고 있다.

98 ortho (똑바른)

정통(orthodox)의 영어 학습법 중에서도 가장 효과적인 것은 어원 학습법이다.

---

orthodontic
[ɔ̀ːrθədántk]

어원 ortho「똑바른」+dont「dent 이」+ic「형접」
혱 치열 교정술의
orthodontics 몡 치열 교정술

Do I need **orthodontic** treatment to have my teeth straightened?
이를 고르게 하기 위해서는 치열 교정 치료가 필요합니까?

---

orthopedics
[ɔ̀ːrθoəpíːdiks]

어원 ortho「똑바른」+ped「아이」+ics「학문」
몡 정형외과(학)
orthopedic 혱 정형외과의

He majored in **orthopedics** in medical school.
그는 의학부에서 정형외과학을 전공했다.

---

orthoptics
[ɔːrθáptiks]

어원 ortho「똑바른」+optic「눈의」 ◐ (눈을 똑바르게 하다)
몡 시각 교정학
orthoptic 혱 시각 교정의

The doctor's specialty is **orthoptics**.
그 의사의 전문은 시각 교정학이다.

---

orthodox
[ɔ́ːrθədɑ̀ks]

어원 ortho「똑바른」+dox「가르침」
혱 정통(파)의, 공인의

He challenged the **orthodox** views on education.
그는 교육에 관한 정통파의 의견에 이의를 제기했다.

99 par (같은)

언더 파(under par)는 규정 타수보다 적은 타수로 홀아웃 하는 것을 말한다.

parity
[pǽrəti]

어원 par「같은」+ity「명접」 ▷ (같은 상태)
명 동등, 동격, 유사

Women's salaries are not at **parity** with men's salaries.
여성의 봉급은 남성의 봉급과 동등하지 않다.

disparity
[dispǽrəti]

어원 dis「~가 아닌」+parity「동등」
명 부등, 상이, 불균형
disparate 형 본질적으로 다른

There has been a growing **disparity** between rich and poor.
빈부의 차가 더욱 더 크게 벌어지고 있다.

disparage
[dispǽridʒ]

어원 dis「~가 아닌」+par「같은」+age「명접」 ▷ (같은 상태로 하지 않는)
동 얕보다, 헐뜯다, 명예를 손상시키다
disparaging 형 얕보는, 헐뜯는

I know she didn't mean to **disparage** my achievements.
그녀가 나의 업적을 헐뜯을 의도는 아니었다는 것은 알고 있다.

peer
[piər]

어원 ▷ (평등의 뜻에서)
명 지위가 동등한 사람, 능력 따위가 필적할 사람, 동료, 귀족
peerless 형 비길 데 없는

He wasn't a great scholar, but as a teacher he had few **peers**.
그는 위대한 학자는 아니었지만, 교사로서 그에게 필적할 사람은 거의 없었다.

100 priv (한 명의)

연예인의 프라이버시(privacy)도 보호 받아야 한다는 목소리가 높아지고 있다.

privatize
[práivətàiz]

어원 priv「한 명의」+ize「동접」
통 민영화하다
privatization 명 민영화

They were afraid that **privatization** would lead to job losses.
그들은 민영화로 인해 실업하는 것은 아닐까 걱정했다.

deprive
[dipráiv]

어원 de「떨어져서」+prive「한 명의」
통 빼앗다, 박탈하다
deprivation 명 박탈

The dictator **deprived** people of their freedom.
독재자는 사람들로부터 자유를 박탈했다.

privilege
[prívəlidʒ]

어원 priv「한 명의」+leg「법률」 ◑ (한 명을 위한 법률)
명 특권, 특전, 은혜
통 특권을 주다
privileged 형 특권이 있는

I have the **privilege** of buying discount tickets for the concert.
나에게는 콘서트 할인 티켓을 살 특전이 있다.

privy
[prívi]

어원 ◑ (혼자만의 공간이라는 뜻에서)
명 (옥외의) 간이 화장실
형 은밀히 관여하고 있는

Old farmhouses had **privies** behind them.
오래된 농가에는 뒤에 간이 화장실이 있다.

'인용 부호'는 quotation mark라고 쓴다. 인용 부호는 원래 인용한 문장에 번호를 매긴 것에서 유래되었다.

---

quote
[kwóut]

어원 ⊕ (책에 표시를 할 때 번호를 매긴 것에서)
통 인용하다, 표시하다
quotation 명 인용(문)

Please **quote** this reference number when reordering stock.
재고품을 재주문할 때는 이 참고번호를 표시하세요.

---

quota
[kwóuta]

어원 ⊕ (몇 가지를 받은 것)
명 할당(량), 몫

I'm going home now— I've done my **quota** of work for the day.
이제 집에 가겠습니다. 오늘 할당받은 일은 마쳤습니다.

---

quantity
[kwántəti]

어원 ⊕ (어느 정도의 양이라는 뜻에서)
명 양, 분량, 다수
quantify 통 양을 정하다
quantitative 형 양에 관한

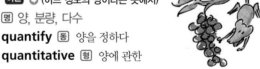

The data was limited in terms of both quality and **quantity**.
그 데이터는 질과 양, 둘 다에 의해 한정되었다.

---

qualify
[kwáləfài]

어원 ⊕ (품질)
통 자격을 부여하다, 자격을 얻다, 면허를 받다
quality 명 질
qualification 명 자격(을 얻는 것), 자격증명서

She **qualified** as a lawyer last year.
그녀는 작년에 변호사 자격을 취득했다.

102 sum (가장 높은)

서미트(summit)는 '수뇌 회의'를 말한다.

---

sum
[sʌ́m]

어원 ◐ (가장 높은 곳)
- 명 회계, 금액, 계산
- 통 합계하다, 요약하다

He can't do a **sum** in his head.
그는 암산을 못한다.

---

summit
[sʌ́mit]

어원 ◐ (가장 높은 곳)
- 명 정상, 정점, 수뇌 회의

The next **summit** conference will be held in Busan.
다음 수뇌 회의는 부산에서 열린다.

---

summarize
[sʌ́məràiz]

어원 sum「가장 높은」+ize「통접」◐ (가장 중요한 부분을 꺼내다)
- 통 요약하다, 간략하게 요점을 말하다
- **summary** 명 요약
- **summarization** 명 요약

Can you **summarize** the main points of the argument?
논쟁의 요점을 요약해주시겠습니까?

---

consummate
[kɑ́nsəmèit]

어원 con「함께」+sum「가장 높은」+ate「통접」
- 통 완성하다, 정점에 달하게 하다
- 형 완전한, 완성된, 터무니없는
- **consummation** 명 완성, 달성

His success **consummated** his family's happiness.
그의 성공으로 가족의 행복은 정점에 달했다.

연습문제 (90~102)

1 다음의 단어들을 영어로 쓰시오.

1. 백지   2. 용기   3. 열망   4. 초대형 가게   5. 특권
6. 할당   7. 양   8. 질   9. 합계   10. 정상

2 다음 단어를 알맞은 형태로 바꿔서 ( ) 안에 넣으시오.

---

inhale, belong, deprive, flatten, quote, heal, qualify, exhale, linger, privatize

---

1. ( ) the surface of the grass with a roller.
   땅 고르는 기계로 잔디 표면을 평평하게 하시오.

2. He closed his eyes and ( ) deeply.
   그는 눈을 감고 심호흡을 했다.

3. I saw her ( ) the smoke through her nose.
   나는 그녀가 코에서 담배 연기를 토해내는 것을 보았다.

4. The wounds will gradually ( ) up.
   상처는 서서히 나을 것입니다.

5. I feel like I don't ( ) here.
   이곳은 내가 올 곳이 못되는 것 같다.

6. Her perfume ( ) even after she had gone.
   그녀는 떠났지만, 그녀의 향수 냄새는 아직도 남아 있다.

7. They were afraid that ( ) would lead to job losses.
   그들은 민영화로 인해 실직하는 것은 아닐까 걱정했다.

8. The dictator ( ) people of their freedom.
   독재자는 사람들로부터 자유를 박탈했다.

9. Please ( ) this reference number when reordering stock.
   재고품을 재주문할 때는 이 참고번호를 표시하세요.

10. She ( ) as a lawyer last year.
    그녀는 작년에 변호사 자격을 취득했다.

❸ 다음 문장의 해석 부분을 완성하시오.

1. flat voice (□□로운 목소리)
2. holy day (□□한 날)
3. hallowed ground (□□한 대지)
4. orthodontic treatment (□□□□□ 치료)
5. at parity with men's salaries (남성 봉급과 □□)
6. barbarous behavior (□□한 행동)
7. flakes of paint (페인트의 □□ □□)
8. wholesome, young woman (□□해 보이는 젊은 여성)
9. castigate oneself (자신을 □□하다)
10. whole truth (□□ 진실)

❹ 다음 문장의 해석 부분을 완성하시오.

1. Their faces blanched with fear at the news.
   뉴스를 듣자 그들의 얼굴은 공포로 □□□□□.
2. She scrubbed the counters with bleach.
   그녀는 □□□로 계산대를 북북 문질렀다.
3. He said with bravado that he could climb that mountain.
   그는 그 산에 오를 수 있다고 □□를 부리며 말했다.
4. That couple was chaste until their marriage.
   그 커플은 결혼할 때까지 □□□ 관계였다.
5. Megalomania is sometimes a mental illness.
   □□□□□은 때로는 정신병이 된다.
6. He majored in orthopedics in medical school.
   그는 의학부에서 □□□□□을 전공했다.
7. There has been a growing disparity between rich and poor.
   빈부의 □가 더욱더 크게 벌어지고 있다.
8. Can you summarize the main points of the argument?
   논쟁의 요점을 □□해주시겠습니까?
9. His success consummated his family's happiness.
   그의 성공으로 가족의 행복은 □□에 달했다.

10. He wasn't a great scholar, but as a teacher he had few peers.
　　그는 위대한 학자는 아니었지만, 교사로서 그에게 □□□ □□은 거의 없었다.

．
．
．

**You
can
do
it!**

명사의 뜻을 가진 어근 2

103 brea, bree, broo (생명)

빵(bread)은 생명을 유지하는 것이다.

---

breathtaking
[bréθtèikiŋ]

어원 breath「숨」+taking「취하다」 ➡ (숨을 들이켜다)
형 깜짝 놀랄만한, 손에 땀을 쥐게 하는, 아슬아슬한

The changes in the city since 1980 have been **breathtaking**.
1980년 이후로 그 도시의 변화는 깜짝 놀랄만한 것이었다.

---

breathe
[bri:ð]

어원 ➡ (숨을 쉬다)
통 숨을 쉬다, 호흡하다
breath 명 숨, 호흡
breathless 형 숨이 찬, 숨이 끊어진

The air was so smoky it was difficult to **breathe**.
공기가 연기로 더러워져서 호흡을 하기가 어려웠다.

---

breed
[bri:d]

어원 ➡ (빵으로 기르다)
통 낳다, 번식하다, 양육하다
breeding 명 번식, 개량 품종
breeder 명 축산가, 가축 사육자

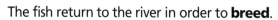

The fish return to the river in order to **breed**.
그 물고기는 번식하기 위해 강으로 돌아온다.

---

brood
[bru:d]

어원 ➡ (어미 새가 새끼 새의 냄새를 맡으며 키우다)
통 알을 품다, 골똘히 생각하다, (생각 따위를) 마음에 품다
broody 형 알을 품으려고 하는, 생각에 잠기는, 기분이 언짢은

There's no point in **brooding** – forget about her.
골똘히 생각해도 별 방법이 없어. — 그녀에 대해서는 잊어버려라.

카메라(camera)는 사각의 방에서 유래되었다.

chamber
[tʃéimbər]

어원 ⟳ (둥근 천정이 있는 방)
몡 회의소, 회관, 공무 집행실, 공간

There is a **chamber** of commerce next to our school.
우리 학교 옆에 상공회의소가 있다.

chambermaid
[tʃéimbərmèid]

어원 chamber「방」 +maid「여성」
몡 (호텔의) 침실 담당 여자 종업원

His daughter is working part-time as a **chambermaid** in the Hilton Hotel.
그의 딸은 힐튼 호텔에서 침실 담당 아르바이트를 하고 있습니다.

comrade
[kám ræd]

어원 comr「방」 +ade「명접」
몡 (사회주의자의) 동지, 당원, 동료

Comrades, please be quiet.
동지들, 조용히 해 주십시오.

bicameral
[baikǽmərəl]

어원 bi「둘」 +camer「방」 +al「형접」
혱 양원제의, 2실로 된
unicameral 혱 일원제의

Political reforms in the 1990s resulted in the establishment of a **bicameral** legislature.
1990년대의 정치개혁의 결과, 양원제 의회가 설립되었디.

105 care, cure (돌봄, 주의, 걱정)

careless mistake는 '부주의한 과실'을 의미한다.

curator
[kjuəréitər]

어원 cur「돌봄」+ate「통접」+or「사람」 ○ (돌봐주는 사람)
명 관장, 관리자, 감독, 지배인
curatorship 명 관리자(후견인)의 신분

He is a **curator** at the National History Museum.
그는 국립 역사박물관의 관장이다.

procure
[prəkjúər]

어원 pro「~을 대신하여」+cure「돌봄」
동 얻다, 손에 넣다
procuration 명 획득, 입수, 대리 위임장

They **procured** us a copy of the report.
그들은 우리에게 리포트의 복사본을 얻어 주었다.

secure
[sikjúər]

어원 se[떨어져서]+cure「주의」 ○ (주의할 필요가 없는)
형 안전한, 불안이 없는
동 확보하다, 단단히 지키다
security 명 안전, 경비, 담보

The government has been working to **secure** the release of the hostage.
정부는 인질의 석방을 확보하기 위해 일하고 있다.

carefree
[kέərfrì:]

어원 care「걱정」+free「없는」
형 근심이 없는, 태평한
careful 형 주의 깊은
careless 형 부주의한

He looked happy and **carefree**.
그는 행복하고 근심 없어 보였다.

106 emper, imper (명령)

청조의 마지막 황제(The Last Emperor) 푸이는 파란만장한 삶을 살았다.

imperative
[impérətiv]

어원 imper「명령」+tive「형접」
- 〔형〕 강제적인, 꼭 필요한, 피할 수 없는
- 〔명〕 명령, 의무

The president said it was **imperative** that the release of all hostages be secured.

인질 전원의 석방이 확보되는 것이 꼭 필요하다고 대통령이 말했다.

imperious
[impíəriəs]

어원 imper「명령」+ous「형접」
- 〔형〕 전제적인, 거만한, 긴급한

The strict father showed an **imperious** attitude toward his sons.

엄격한 아버지는 아들들에게 독단적인 자세를 보였다.

imperial
[impíəriəl]

어원 imper「명령」+al「형접」
- 〔형〕 제국의, 황제의, 위풍당당한
- **imperialism** 〔명〕 제국주의, 영토 확장주의
- **imperialist** 〔명〕 제국주의자

History is full of attempts at **imperial** domination.

제국을 지배하기 위한 시도가 역사 속에 많이 있다.

empire
[émpaiər]

어원 ○ (명령, 지배하는 것)
- 〔명〕 제국, 제정시대, 기업제국
- **emperor** 〔명〕 황제, 천황

His business **empire** was vast.

그의 기업제국은 거대했다.

107 fy, fid (신용)

피앙세(fiancee)는 원래 신용 받은 여성이라는 뜻이다.

defy
[difái]

어원 de「~하지 않는」+fy「신용」
통 반항하다, 무시하다, 거부하다

Ken **defied** his mother, and smoked openly in the house.
켄은 어머니에게 반항하여 집 안에서 대놓고 담배를 피웠다.

defiant
[difáiənt]

어원 defi「반항하다」+ant「형접」
형 반항적인, 도전적인
defiance 명 반항적인 태도, 도전, 무시

The terrorists sent a **defiant** message to the government.
테러리스트들은 정부에 반항적인 메시지를 보냈다.

diffident
[dífidənt]

어원 di(f)「~하지 않는」+fid「신용」+ent「형접」
형 자신이 없는, 수줍어하는, 겁이 많은
diffidence 명 자신이 없음, 수줍음, 소심

He was humble and **diffident** about his own success.
그는 자신의 성공에 겸허해 하고 수줍어했다.

infidelity
[ìnfidéləti]

어원 in「~가 아닌」+fid「신용」+ity「명접」
명 믿음이 없음, 부정, 불의, 불성실
infidel 형 신앙심이 없는, 비기독교의

She could not forgive his **infidelities**.
그녀는 그의 부정을 용서할 수가 없었다.

★ federal : 연방의 ★ confide : (비밀 따위를) 털어놓다 ★ fidelity : 성실
★ confidential : 비밀의

108 gage, wage (담보, 계약)

결혼을 약속하는 반지는 engagement ring이다.

---

wed
[wed]

어원 ○ (맹세하다)
동 결혼하다, 결혼식을 올리다
wedding 명 결혼식

The couple plan to **wed** next summer.
그 커플은 내년 여름에 결혼할 계획이다.

---

wage
[weidʒ]

어원 ○ (담보)
명 임금, 급료
wageworker 명 임금 노동자

The minimum **wage** is set at 4,000 won an hour.
최저 임금은 시급 4,000원으로 정해져 있다.

---

engage
[engéidʒ]

어원 en「안에」+gage「맹세」
동 종사시키다, 고용하다, 몰두시키다, 약혼시키다
engagement 명 약혼, 약속

He is **engaged** in writing a novel.
그는 소설 쓰는 것에 몰두하고 있다.

---

remortgage
[rimɔ́ːrgidʒ]

어원 re「다시」+mortgage「저당(모기지)」
동 다시 저당 잡히다

Remortgaging your house is a big risk if you're retired.
퇴직했을 때 당신의 집을 다시 저당 잡히는 것은 매우 위험하다.

109 neg, ny (부정)

컵에 반 정도 들어 있는 물을 보고 '반 밖에 없군.' 이라고 생각한다면 부정적인(negative) 면을 보고 있는 것이다.

deny
[dinái]

어원 de「완전히」+ny「부정」
통 부정하다, 부인하다, 거절하다
denial 명 부정, 부인

They **deny** conspiring to smuggle drugs.
그들은 마약 밀수를 공모한 것을 부정했다.

negotiate
[nigóuʃièit]

어원 neg「~가 아닌」+otiate「한가함」 ◐ (한가하지 않은 상태로 하다)
통 교섭하다, 협상하다
negotiation 명 교섭, 담판, 협상

We tried to **negotiate** a lower price but they wouldn't budge an inch.
우리는 더욱 싼 가격으로 협상을 시도했지만, 그들은 미동도 하지 않았다.

negate
[nigéit]

어원 neg「~가 아닌」+ate「통접」
통 무효화하다, 취소하다, 부정하다
negation 명 부정, 부인
negative 형 부정의, 소극적인 **명** 부정(문)

Alcohol **negates** the effects of the drug.
술은 그 약의 효과를 없앤다.

renegade
[rénigèid]

어원 re「완전히」+neg「부정」+ade「명접」
명 배신자, 변절자
통 배반하다, 변절하다

A band of **renegades** had captured the prince and were holding him to ransom.
배신자 일당이 왕자를 포로로 하여 몸값을 요구하고 있다.

110 pac, peac, peas, pay (평화)

태평양(Pacific)은 평화로운 바다라는 뜻이다.

---

pacify
[pǽsəfài]

어원 pac「평화」+ify「동접」
동 평화를 회복시키다, 달래다, 진정시키다

I couldn't for the life of me **pacify** the baby.
아무리 해도 아기를 달랠 수가 없었다.

---

pacific
[pəsífik]

어원 pac「평화」+ic「형접」
형 평화적인, 평화를 사랑하는, 평화로운
Pacific 형 태평양의 명 태평양

They were a **pacific** people who settled disagreements by talking.
그들은 회담으로 싸움을 해결하는 평화적인 국민이었다.

---

repay
[ripéi]

어원 re「다시」+pay「평화」 ◎ (빚을 갚고 평화로운 상태가 되다)
동 돈을 갚다, 은혜를 갚다, 보답하다
repayable 형 물어줄 수 있는

The agreement binds her to **repay** the debt within 6 months.
그 계약에서 그녀는 6개월 이내에 빚을 갚지 않으면 안 된다.

---

appease
[əpíːz]

어원 a(p)「~쪽으로」+pease「peace 평화」
동 달래다, 양보하다, 만족시키다
appeasable 형 달랠 수 있는

I **appeased** her anger by taking her out to dinner.
나는 그녀를 데리고 식사하러 가는 것으로 그녀의 화를 달랬다.

111 portion (부분, 몫)

균형 잡힌 몸매(nice proportion)를 가진 여성은 아름답다.

portion
[pɔ́:rʃən]

어원 ⭘ (특정한 부분이나 몫을 의미)
- 명 일부, 몫, 1인분
- 동 나누다, 몫을 주다

A major **portion** of the budget is spent on defense.
예산의 대부분이 방위에 사용된다.

apportion
[əpɔ́:rʃən]

어원 a(p)「~쪽으로」+portion「몫」
- 동 분배하다, 할당하다
- **apportionment** 명 분배, 배당

The father **apportioned** the land among members of his family.
그 아버지는 가족에게 토지를 분배했다.

proportionate
[prəpɔ́:rʃənit]

어원 pro「비교의」+port「부분」+ion「명접」+ate「형접」
- 형 비례하는, 균형 잡힌
- 동 비례시키다, 균형 잡히게 하다
- **proportion** 명 비율, 균형, 크기, 부분

The number of accidents is **proportionate** to the increased volume of traffic.
사고 총계는 교통량의 증가에 비례한다.

disproportionate
[dìsprəpɔ́:rʃənit]

어원 dis「~가 아닌」+proportion「비율」+ate「형접」
- 형 어울리지 않는, 불균형한, 과잉한
- **disproportion** 명 어울리지 않음, 불균형 동 균형을 깨뜨리다

The report shows that a **disproportionate** number of black women do low-paid work.
보고서는 다수의 흑인 여성들이 저임금으로 일하고 있는 것을 보여준다.

112 popul (사람들)

pops란 서민을 위한 음악을 일컫는다. 국민가수는 남녀노소를 불문하고 대중 모두에게 오래도록 인기 있는(popular) 가수를 말한다.

populate
[pápjəlèit]

어원 popul「사람」+ate「동접」 ◐ (사람들을 모으다)
동 살다, 거주하다
population 명 인구, 모든 주민

The northwest was the most densely populated area.
서북부는 가장 인구가 밀집된 지역이었다.

depopulate
[di:pápjəlèit]

어원 de「떨어져서」+populate「살게 하다」 ◐ (살게 하지 않다)
동 인구를 줄이다, 인구가 격감하다
depopulation 명 인구감소, 주민 절멸

The region was depopulated by famine.
그 지역은 기아에 의해 인구가 격감했다.

populous
[pápjələs]

어원 popul「사람」+ous「형접」 ◐ (사람들의)
형 인구가 많은

India is one of the most populous countries in the world.
인도는 세계에서 가장 인구가 많은 나라 중에 하나이다.

popularize
[pápjələràiz]

어원 popular「민중의」+ize「동접」 ◐ (민중의 것으로 삼다)
동 대중화하다
popularization 명 대중화

Luciano Pavarotti popularized opera in the 1980s.
루치아노 파바로티는 1980년대에 오페라를 대중화시켰다.

113 publ (민중)

영국 펍(pub-public house의 약어)은 서민들이 이용하는 대중적인 술집이다.

publicity
[pʌblísəti]

어원 public「민중의」+ity「명접」 ➡ (민중의 것이 되는 것)
뗑 일반에게 알려져 있음, 평판, 광고

The item on the agenda is the **publicity** budget.
협의 사항의 항목은 광고비이다.

republic
[ripʌ́blik]

어원 re(s)「관심」+public「민중의」
뗑 공화국, 공화제, 단체
republican 혱 공화주의의 뗑 공화당원(Republican)

The next Olympic Games will be held in the People's **Republic** of China.
다음 올림픽은 중화인민공화국에서 열린다.

publish
[pʌ́bliʃ]

어원 publ「민중」+ish「동접」 ➡ (민중에게 알리다)
뙤 출판하다, 발표하다
publication 뗑 출판, 발표, 출판물

My first book was **published** 15 years ago.
나의 첫 번째 책은 15년 전에 출판되었다.

publicize
[pʌ́bləsàiz]

어원 publ「민중」+ize「동접」 ➡ (민중에게 알리다)
뙤 공표하다, 광고하다
public 혱 공공의, 공개한, 공공연한 뗑 일반대중

The event was well **publicized** all over town.
그 이벤트는 마을 전체에 널리 공표되었다.

114 femal, femin (여성)

페미니스트(feminist)는 '남녀 평등주의자'로 여권 신장을 위해 노력하는 사람들이다.

female
[fíːmeil]

어원 ○ (젊은 여자)
- 형 여자의, 여성의, 암컷의
- 명 여자, 여성, 암컷

She became the first **female** president in India.
그녀는 인도에서 첫 여성 대통령이 되었다.

feminine
[fémənin]

어원 femin「여성」+ine「형접」
- 형 여성의, 여자다운, 상냥한
- **femininity** 명 여자다움

That dress makes you look very **feminine**.
저 드레스를 입으면 매우 여성스러워 보인다.

feminist
[fémənist]

어원 femin「여성」+ist「사람」
- 명 남녀 평등주의자, 여성 해방론자
- **feminism** 명 남녀 평등주의론

All her life she was an ardent **feminist**.
그녀는 평생 동안 열렬한 남녀 평등주의자였다.

effeminate
[ifémənit]

어원 e(f)「밖에」+femin「여성」+ate「형접」 ○ (여자 같은)
- 형 여자 같은, 연약한, 나약한
- **effeminacy** 명 연약

The way he walks is a bit **effeminate**.
그가 걷는 방식은 조금 여자 같다.

115 soci (동료)

사교댄스(social dance)가 건전한 댄스문화로 정착되고 있다.

sociable
[sóuʃəbəl]

어원 soci「동료」+able「되다」 ◐ (동료가 되다)
형 사교적인, 붙임성 있는, 사근사근한
social 형 사회의, 사교의
society 명 사회

I had a toothache, so I wasn't feeling very **sociable**.
이가 아파서 별로 사교적인 기분이 되지 못했다.

socialize
[sóuʃəlàiz]

어원 soci「동료」+al「형접」+ize「동접」
동 사교적으로 사귀다, 국유화하다

He couldn't **socialize** with the other students in his class.
그는 학급의 다른 학생들과 사귀지 못했다.

associate
[əsóuʃièit]

어원 a(s)「~쪽으로」+soci「동료」+ate「동접」 ◐ (동료 쪽으로)
동 연상하다, 교제하다, 제휴하다
형 동료의, 친구의
association 명 연상, 교제, 협회, 단체

I don't like you **associating** with those people.
나는 당신이 그 사람들과 사귀지 않았으면 한다.

dissociate
[disóuʃièit]

어원 dis「~가 아닌」+soci「동료」+ate「동접」 ◐ (동료가 아니게 되다)
동 분리시켜 생각하다, 떼어놓다, 관계를 끊다

I can't **dissociate** the man with his position.
나는 그 남자를 그의 지위와 떼어놓고 생각할 수가 없다.

116 soph (지혜)

소피아(Sophia)는 '뛰어난 지혜'라는 뜻이다.

philosophy
[filásəfi]

어원 phil「좋아하다」+soph「지혜」 ◎ (지성을 좋아하다)
명 철학, 깨달음, 인생관
philosophical 형 철학적인

What is your **philosophy** of life?
당신의 인생관은 무엇입니까?

sophisticated
[səfístəkèitid]

어원 soph「지혜」+stic「형접」+ate「동접」
형 세련된, 고급의, 교양 있는, 멋 부린

I thought the play was too **sophisticated** for high school students.
그 연극은 고교생에게는 너무 고급이라고 나는 생각했다.

sophomore
[sáfəmɔ̀ːr]

어원 soph「지혜」+re「사람」 ◎ (지혜를 가진 사람)
명 (대학, 고등학교의) 2학년생
sophomoric 형 (대학, 고등학교의) 2학년생의, 아는 체하는

She is a **sophomore** at Waseda University.
그녀는 와세다 대학 2학년생입니다.

sophistry
[sáfistri]

어원 soph「지혜」+try「총칭」
명 궤변, 억지 이론

They refuted the **sophistries** of the economists.
그들은 경제학자들의 궤변을 논박했다.

연습문제 (103~116)

1 다음 단어의 뜻을 ⓐ~ⓙ에서 고르시오.

1. breathtaking 2. chambermaid 3. sophistry 4. effeminate 5. proportionate
6. renegade 7. diffident 8. defiant 9. carefree 10. procure

ⓐ 궤변 ⓑ 조달하다 ⓒ 반항적인 ⓓ 침실 담당 여자종업원 ⓔ 근심이 없는
ⓕ 깜짝 놀랄만한 ⓖ 나약한 ⓗ 자신이 없는 ⓘ 배신자 ⓙ 비례하는

2 다음 문장의 ( ) 안에 들어갈 알맞은 단어를 쓰시오.

1. The air was so smoky it was difficult to (   ).
   공기가 연기로 더러워져 호흡을 하기가 어려웠다.

2. He is (   ) in writing a novel.
   그는 소설 쓰는 것에 몰두하고 있다.

3. They (   ) conspiring to smuggle drugs.
   그들은 마약 밀수를 공모한 것을 부정했다.

4. India is one of the most (   ) countries in the world.
   인도는 세계에서 가장 인구가 많은 나라 중에 하나이다.

5. The next Olympic Games will be held in the People's (   ) of China.
   다음 올림픽은 중화인민공화국에서 열린다.

6. My first book was (   ) 15 years ago.
   나의 첫 번째 책은 15년 전에 출판되었다.

7. She became the first (   ) president in India.
   그녀는 인도에서 첫 여성 대통령이 되었다.

8. He couldn't (   ) with the other students in his class.
   그는 학급의 다른 학생들과 사교적으로 사귀지 못했다.

9. What is your (   ) of life?
   당신의 인생관은 무엇입니까?

10. The president said it was (   ) that the release of all hostages be
    secured.
    인질 전원의 석방이 확보되는 것이 꼭 필요하다고 대통령이 말했다.

❸ 다음 문장의 해석 부분을 완성하시오.

1. chamber of commerce (상공 ☐☐☐)
2. bicameral legislature (☐☐☐ 의회)
3. curator at the National History Museum (국립 역사박물관의 ☐☐)
4. imperial domination (☐☐ 지배)
5. minimum wage (최저 ☐☐)
6. publicity budget (☐☐비)
7. ardent feminist (열렬한 ☐☐ ☐☐☐☐☐)
8. sophomore at Waseda University (와세다 대학의 ☐☐☐☐)
9. densely populated area (인구가 ☐☐된 지역)
10. imperious attitude (☐☐☐인 태도)

❹ 다음 단어를 알맞은 형태로 바꿔서 ( ) 안에 넣으시오.

> remortgage, secure, wed, repay, negotiate, defy, brood, appease, pacify, breed

1. The fish return to the river in order to (   ).
   그 물고기는 번식하기 위해 강으로 돌아온다.
2. There's no point in (   ) –forget about her.
   골똘히 생각해도 별 방법이 없어. – 그녀에 대해서는 잊어버려라.
3. The government has been working to (   ) the release of the hostage.
   정부는 인질의 석방을 확보하기 위해 일하고 있다.
4. Ken (   ) his mother, and smoked openly in the house.
   켄은 어머니에게 반항하여 집 안에서 당당히 담배를 폈다.
5. The couple plan to (   ) next summer.
   그 커플은 내년 여름에 결혼할 계획이다.
6. (   ) your house is a big risk if you're retired.
   퇴직했을 때 당신의 집을 다시 저당 잡히는 것은 매우 위험하다.
7. We tried to (   ) a lower price but they wouldn't budge an inch.
   우리는 더욱 싼 가격을 교섭했지만, 그들은 미동도 하지 않았다.
8. I couldn't for the life of me (   ) the baby.
   아무리 해도 아기를 달랠 수가 없었다.

9. The agreement binds her to (   ) the debt within 6 months.

그 계약에서 그녀는 6개월 이내에 빚을 갚지 않으면 안 된다.

10. I (   ) her anger by taking her out to dinner.

나는 그녀를 식사에 데려가는 것으로 그녀의 화를 달랬다.

행동이나 상태를 나타내는 어근

117 al, ol (성장하다)

adult(성인)는 성장한 사람이라는 의미에서 '어른, 성인'이 되었다.

---

abolish
[əbáliʃ]

어원 ab「떨어져서」+ol「성장하다」+ish「동접」
통 폐지하다, 없애다
abolition 명 폐지, 폐기

Slavery was **abolished** in the US in the 19th century.
미국에서는 19세기에 노예제도가 폐지되었다.

---

adolescent
[ædəlésənt]

어원 ad「~쪽으로」+ole「성장하다」+cent「형접」 ○ (성장을 향하고 있다)
형 사춘기의, 젊음이 넘치는
명 청년, 젊은이
adolescence 명 사춘기

The person we are looking for is an **adolescent**.
우리가 찾고 있는 사람은 청년이다.

---

coalition
[kòuəlíʃən]

어원 co「함께」+ali「성장하다」+tion「명접」
명 연합, 제휴, 합동
coalesce 통 연합하다, 제휴하다

Four political parties formed a **coalition** against higher taxes.
4개의 정당이 연합을 결성하여 증세에 반대했다.

---

alumnus
[əlʌ́mnəs]

어원 ○ (졸업해서 성장하는 사람)
명 졸업생, 동창생
alumni 명 졸업생(동창생의 복수형)

He is an **alumnus** of Seoul University.
그는 서울 대학 졸업생이다.

118 auc, aug, auth (성장하다, 낳다)

경매(auction)에서 가격을 점점 올리다.

authority
[əθɔ́:riti]

어원 auth「낳다」+or「사람」+ity「명접」 ⊙ (창출해 내는 사람)
🅜 권위, 권력, 권한, 권위자
authoritative 🅗 권위 있는, 명령적인

He doesn't like anyone challenging his **authority**.
그는 자신의 권위에 도전하는 사람은 모두 싫어한다.

authorize
[ɔ́:θəràiz]

어원 author「창출해 내는 사람」+ize「동접」
🅥 권한을 주다, 정당하다고 인정하다
authorized 🅗 권한을 부여받은, 공인된
authorization 🅜 공인, 권한

The soldiers were **authorized** to shoot at will.
병사들은 자신의 의지로 발포할 권한을 부여받았다.

augment
[ɔ:gmént]

어원 ⊙ (증가하다)
🅥 증가시키다, 개량하다, 증대하다
augmentation 🅜 증가, 증대

They **augmented** the advertising budget in order to increase sales.
그들은 매출을 올리기 위해 광고비를 늘렸다.

auction
[ɔ́:kʃən]

어원 auc「성장하다」+tion「명접」
🅜 경매, 공매
🅥 경매하다
auctioneer 🅜 경매인

Her family **auctioned** off her jewels.
그녀의 가족은 그녀의 보석을 경매에 붙였다.

119 bib, bev (마시다)

beverage는 물 이외의 모든 음료수를 총칭한다.

bib
[bib]

어원 ➐ (마시다)
몡 아기들의 턱받이, 앞치마의 가슴받이

Babies wear **bibs** when they eat.
아기들은 먹을 때 턱받이를 댄다.

imbibe
[imbáib]

어원 im「안에」+bibe「마시다」
툉 (술을) 마시다, 흡수하다
imbibition 몡 흡수, 흡입

They **imbibed** considerable quantities of gin.
그들은 상당한 양의 진을 마셨다.

beverage
[bévəridʒ]

어원 bever「마시다」+age「명접」
몡 (물 이외의) 음료

Restaurants and hotels serve hot and cold **beverage**.
레스토랑과 호텔에서는 뜨거운 음료와 차가운 음료를 제공한다.

bibulous
[bíbjələs]

어원 bib「마시다」+ous「형접」
혱 술을 좋아하는, 술에 빠지는

He has been **bibulous** since he was a college student.
그는 대학생 때부터 계속 술을 좋아해왔다.

120 bio (살다)

곰팡이와 우유로 치즈 만들기는 바이오테크놀로지(biotechnology)의 출발점이 되었다.

antibiotic
[æ̀ntibaiátik]

어원 anti「대립」+bio「살다」+tic「형접」
ⓜ 항생물질　ⓗ 항생물질의

Your doctor may prescribe **antibiotics**.
당신의 의사가 아마도 항생물질을 처방해 줄 것이다.

biological
[bàiəládʒikəl]

어원 bio「살다」+logi「학문」+cal「형접」
ⓗ 생물학적인　ⓜ 생물학적 약제(백신, 혈청 등)
biology ⓜ 생물학

Such a war could result in the use of chemical and **biological** weapons.
그와 같은 전쟁은 화학 무기와 생물 무기의 사용을 가져올 것이다.

bionic
[baiánik]

어원 bio「살다」+(electro)nic「전자의」
ⓗ 생체 공학적인, 초인적인 힘을 가진
bionics ⓜ 생체 공학

I swear my mother has **bionic** ears.
나는 어머니가 초인적인 청력을 가졌다고 단언할 수 있다.

autobiography
[ɔ̀ːtəbaiágrəfi]

어원 auto「스스로」+bio「살다」+graphy「쓰다」 ◑ (자신의 일에 대해 적다)
ⓜ 자서전, 전기
biography ⓜ 전기, 자서전

The incident is recounted in his **autobiography**.
그 사건은 그의 자서전에 자세히 쓰여 있다.

121 cre, cresc (성장하다)

초승달은 crescent, 프랑스 어로는 croissant(크로와상)이다.

---

excrescence
[ikskrésəns]

어원 ex「밖에」+cresc「성장하다」+ence「명접」 ○ (밖에 나온 것)
명 이상 생성물(혹이나 사마귀), 보기 흉한 건물
excrescent 형 이상 증식한, 쓸데없는

The new office block was an **excrescence**.
그 새 사무소용 건물은 보기 흉한 건물이었다.

---

accrue
[əkrú:]

어원 a(c)「~쪽으로」+cure「성장하다」
통 증가하다, (이자 따위가) 붙다, 생기다
accrual 명 부가, 부가이자

The **accrued** interest will be paid annually.
부가 이자는 1년마다 지불됩니다.

---

increment
[ínkrəmənt]

어원 in「안에」+cre「성장하다」+ment「명접」
명 증가, 증대, 증가액
incremental 형 증가의, 증분의

You will receive annual pay **increments** every September.
당신은 매년 9월에 연봉의 증가액을 받을 것입니다.

---

crescent
[krésənt]

어원 cresc「성장하다」+ent「형접」
형 초승달 모양의
명 초승달, 초승달 모양으로 늘어선 집
crescent roll 명 크로와상

A **crescent** moon changes into a full moon.
초승달은 만월이 된다.

★ create : 창조하다 ★ increase : 늘다 ★ decrease : 감소하다 ★ recruit : 모집하다

122 doc (가르치다)

다큐멘터리(documentary) 방송은 사실을 가르쳐주는 방송이다.

---

doctorate
[dάktərit]

어원 doc「가르치다」+or「사람」+ate「명접」
명 박사 학위, 학위
doctor 명 박사 (학위), 의사
doctoral 형 박사 학위의, 박사학위를 가진

My daughter is studying for her **doctorate**.
제 딸은 박사 학위를 취득하기 위해 공부하고 있습니다.

---

doctrinaire
[dὰktrənέər]

어원 doctrin「교의」+ile「형접」 ○ (교의만의)
형 비현실적인, 이론만 고집하는
doctrine 명 교의, 학설, 주의

He is a radical and quite **doctrinaire** in his opinions.
그는 과격론자로 그의 의견은 상당히 비현실적이다.

---

docile
[dάsəl]

어원 doc「가르치다」+ile「형접」
형 가르치기 쉬운, 유순한
docility 명 순종, 가르치기 쉬움

Kangaroos are not as **docile** as they look.
캥거루는 겉보기만큼 유순하지 않다.

---

indoctrinate
[indάktrənèit]

이원 in「안에」+doctrine「교의」+ate「동접」 ○ (교의에 넣다)
동 가르치다, 주입하다, 불어넣다
indoctrination 명 교화

We were **indoctrinated** not to question our leaders.
우리는 우리 지도자들에게 질문을 하지 않도록 교육받았다.

123 dorm (자다)

dormer란 지붕창의 돌출부를 말한다.

dormant
[dɔ́ːrmənt]

어원 dorm「자다」+ant「형접」 ○ (자고 있는)
형 잠자는, 동면중의, 잠재해 있는, 휴면 상태인
dormancy 명 수면(휴면) 상태, 휴지 상태

In winter, the plants are **dormant**; then they come to life again in spring.
겨울이 되면 식물들은 발육을 정지하고, 봄이 되면 다시 소생한다.

dormer
[dɔ́ːrmər]

어원 dorm「자다」+er「명접」 ○ (자는 곳)
명 지붕창, 지붕의 돌출부

He looked out of the **dormer** window at the moon.
그는 지붕창에서 달을 봤다.

dormitory
[dɔ́ːrmətɔ̀ːri]

어원 dorm「자다」+ory「장소」 ○ (자는 장소)
명 기숙사, 합숙소
dormitory town 명 베드타운, 교외주택지

He lives in a college **dormitory**.
그는 대학 기숙사에 살고 있다.

dormouse
[dɔ́ːrmàus]

어원 dorm「자다」+mouse「쥐」
명 겨울잠쥐(다람쥐 비슷한 쥐의 일종), 잠꾸러기

The decline of the **dormouse** mirrors the loss of forests.
겨울잠쥐의 감소는 삼림의 손실을 반영한다.

124 imi, ima (흉내 내다)

팬터마임(pantomime)은 〈panto (완전히) + mime (흉내 내다)〉에서 왔다.

mimic
[mímik]

어원 mim「흉내내다」+ic「형접」
형 모방의, 모조의 동 흉내 내다, 흉내 내며 놀리다
명 흉내를 잘 내는 사람, 의태 동물, 모조품
mimetic 형 모방의, 거짓의, 의태의

He is always **mimicking** the teachers.
그는 언제나 선생님들을 흉내 낸다.

mime
[maim]

어원 ○ (흉내 내다)
동 흉내 내다, 무언극을 하다 명 희극 배우, 광대, 팬터마임

They are **miming** a tug of war.
그들은 줄다리기를 팬터마임으로 연기하고 있다.

imitate
[ímitèit]

어원 imi「흉내 내다」+ate「동접」
동 흉내 내다, 모방하다, 본받다
imitation 명 흉내, 모조품 **imitative** 형 모방의, 독창적이 아닌

His style of painting has been **imitated** by many artists.
그의 화풍은 많은 화가들에게 모방되어 왔다.

imagine
[imǽdʒin]

어원 ima「흉내 내다」+ine「동접」○ (흉내 낸 것으로 하다)
동 상상하다, 생각하다
imagination 명 상상(력)
imaginative 형 상상적인, 상상력이 풍부한
imaginary 형 상상의, 가공의, 공상의
imaginable 형 상상할 수 있는, 생각할 수 있는

I cannot for the life of me **imagine** why he wants to quit his job.
그가 왜 일을 그만두고 싶은지, 나로서는 도저히 모르겠다.

125 path (느끼다, 괴로워하다)

고통에 괴로워하는 '환자'는 patient이다.

---

apathy
[金pəθi]

어원 a「~가 없는」+path「느끼다」+y「명접」 ○ (느끼지 않는 것)
명 무관심, 무기력
apathetic 형 무관심한, 무기력한

The campaign failed because of public **apathy**.
그 캠페인은 대중이 무관심하였기 때문에 실패했다.

---

empathy
[émpəθi]

어원 em「안에」+path「느끼다」+y「명접」 ○ (상대방의 마음에 들어가서 느끼는 것)
명 공감, 감정 이입
empathic 형 공감하는

I have **empathy** for you in your fear about speaking in public.
대중 앞에서 말하는 것이 두렵다는 점에서는 당신에게 공감합니다.

---

pathology
[pəθálədʒi]

어원 path「괴로워하다」+logy「학문」
명 병리학, 병상
pathological 형 병리학상의, 병에 의한

Medical students take a basic course in **pathology**.
의학부 학생들은 병리학의 기초 과정을 공부하고 있다.

---

sociopath
[sóusiəpæθ]

어원 socio「사회」+path「느끼다」 ○ (사회 속에서 괴로워하고 있는 사람)
명 반사회적 인물

I'm telling you he's a complete **sociopath**.
그는 완전히 반사회적인 사람이라고 말해 두겠다.

★ passion : 격정 ★ patient : 환자, 인내심이 있는 ★ compassion : 동정
★ compatible : 모순 없는

126 sens, sent (느끼다) 1

쥐가 움직이자 센서(sensor)가 반응하다.

---

sensible
[sénsəbəl]

어원 sens「느끼다」+ible「~할 수 있는」
형 분별이 있는, 현명한
sensible 명 감성, 민감함

I think it much more **sensible** to do it later.
나중에 하는 편이 훨씬 더 현명하다고 생각합니다.

---

sensitive
[sénsətiv]

어원 sens「느끼다」+tive「형접」
형 민감한, 신경 과민한, 영향을 받기 쉬운
sensitivity 명 감수성

He is very **sensitive** to other people's feelings.
그는 타인의 감정에 매우 쉽게 영향을 받는다.

---

sensual
[sénʃuəl]

어원 sens「느끼다」+ual「형접」
형 호색적인, 음란한, 관능적인
sensuality 명 관능에 탐닉하기, 호색

He was a very **sensual** man.
그는 매우 호색적인 남자였다.

---

sensuous
[sénʃuəs]

어원 sens「느끼다」+ous「형접」
형 감각에 호소하는, 감각적인, 심미적인

They were enchanted by the **sensuous** music.
그들은 감미로운 음악에 매혹되었다.

127 sens, sent (느끼다) 2

대통령 퇴진은 국민 대다수의 의견(consensus)에 의한 것이었다.

---

scent
[sent]

어원 ○ (코로 느끼는 것)
명 냄새, 향기, 후각
동 냄새를 맡다, 향수를 뿌리다

The dogs followed the fox's **scent** to the edge of the forest.
그 개들은 숲 끝까지 여우 냄새를 쫓았다(사냥감을 추격했다).

---

consensus
[kənsénsəs]

어원 con「함께」+sens「느끼다」
명 (의견) 일치, 합의

The **consensus** of opinion seems to be that the Prime Minister should resign.
수상이 사임해야 한다는 것으로 의견이 일치한 듯하다.

---

sentence
[séntəns]

어원 sens「느끼다」+ence「명접」 ○ (느끼고 있는 것)
명 문장, 선고
동 판결을 내리다

He was **sentenced** to ten years' imprisonment.
그는 10년 금고형을 선고받았다.

---

presentiment
[prizéntəmənt]

어원 pre「앞에」+sens「느끼다」+ment「명접」
명 (나쁜) 예감, 육감
sentiment 명 의견, 감상, 심정

I understood that you had had some sort of **presentiment** of disaster.
당신이 재해를 예감할 수 있는 어떤 것을 가지고 있다는 것은 알고 있었습니다.

128 somn, slum (자다)

불면증(insomnia)은 〈in(~가 아닌) + some(자다)〉에서 '불면증' 이라는 뜻이 된다.

---

insomnia
[insΛmniə]

어원 in「~가 아닌」+somn「자다」
몡 불면증
insomniac 혱 불면증의

He has been suffering from **insomnia** lately.
그는 최근에 불면증에 시달리고 있다.

---

somnolent
[sΛmnələnt]

어원 somn「자다」+lent「형접」
혱 졸리는, 졸리게 하는
somnolence 몡 졸음, 졸림

The sedative makes people very **somnolent**.
진정제를 먹으면 매우 졸리다.

---

somnambulist
[sɑmnǽmbjəlìst]

어원 somn「자다」+amble「흐느적거리다」+ist「사람」
몡 몽유병 환자
somnambulism 몡 몽유병

The husband spoke like a **somnambulist**, in tones of grief.
그 남편은 슬픈 어조로 몽유병 환자처럼 말했다.

---

slumber
[slΛmbər]

어원 ○ (잠자다)
몡 잠, 선잠, 침체
통 잠시 졸다, 잠자며 보내다, 활동하지 않다
slumberous 혱 졸린, 졸리게 하는

He fell into a deep **slumber**.
그는 깊은 잠에 빠져들었다.

129 veg, vig (활동적인, 생생한)

야채를 먹는 채식주의자(vegetarian)가 늘어나다.

---

vigor
[vígər]

어원 vig「살다」+or「명접」
통 활력, 원기, 굳셈
vigorous **형** 정력적인, 활기찬

She began working with **vigor**.
그녀는 활기차게 일하기 시작했다.

---

invigorate
[invígərèit]

어원 in「안에」+vigor「활기」+ate「동접」
통 기운 나게 하다, 활기 띠게 하다, 격려하다

I felt **invigorated** after a walk in the forest.
숲을 산책하니까 기운이 났다.

---

vegetate
[védʒətèit]

어원 vege「활동적인」+ate「동접」
통 식물처럼 자라다, 무기력하게 지내다

When I retired I didn't want to just **vegetate**.
퇴직했을 때는 무기력하게 지내고 싶지만은 않았다.

---

vegetation
[vèdʒətéiʃən]

어원 vege「활동적인」+ate「동접」+tion「명접」
명 식물, 식물의 생장
vegetative **형** 식물의, 식물 인간의

They made their way through the thick **vegetation** in the valley.
그들은 계곡의 식물이 자란 길을 나아갔다.

130 viv, vit (살다)

활기(vitality) 넘치는 열혈 선생님 덕분에 학생들은 쉴 틈이 없다.

vivacious
[vivéiʃəs]

어원 viv「살다」+cious「형접」
형 활발한, 쾌활한
vivacity 명 활발, 쾌활

He married a **vivacious** girl called Sarah whom he met at university.
그는 대학에서 만난 사라라는 쾌활한 여성과 결혼했다.

vitalize
[váitəlàiz]

어원 vit「살다」+al「형접」+ize「동접」
동 활력을 주다, 생명을 주다
vitalization 명 생명을 주기

She **vitalized** her family with confidence and good health.
그녀는 자신감과 건강으로 가족에게 활력을 주었다.

revitalize
[ri:váitəlàiz]

어원 re「다시」+vit「살다」+al「형접」+ize「동접」
동 소생시키다, 활성화하다
revitalization 명 부활, 활성화

Government action **revitalizes** a weak economy.
정부의 움직임은 약한 경제를 소생시킨다.

convivial
[kənvíviəl]

어원 con「함께」+viv「살다」+ial「형접」
형 유쾌한, 우호적인, 연회를 좋아하는
conviviality 명 흥겨움, 연회

The atmosphere was relaxed and **convivial**.
분위기는 편하고 우호적이었다.

연습문제 (117~130)

1 다음 단어의 뜻을 ⓐ~ⓙ에서 고르시오.

1. presentiment   2. somnambulist   3. vegetation   4. vivacity   5. adolescence
6. alumnus   7. docile   8. dormant   9. apathy   10. empathy

ⓐ 무기력 ⓑ 예감 ⓒ 활기 ⓓ 졸업생 ⓔ 잠자는 ⓕ 몽유병 환자
ⓖ 식물 식생 ⓗ 유순한 ⓘ 사춘기 ⓙ 공감

2 다음 단어를 알맞은 형태로 바꿔서 ( ) 안에 넣으시오.

indoctrinate, autobiography, crescent, abolish, augment, authorize, biological, coalition, scent, bibs

1. Slavery was (　　　　) in the US in the 19th century.
미국에서는 19세기에 노예제도가 폐지되었다.

2. Four political parties formed a (　　　　) against higher taxes.
4개의 정당이 연합을 결성하여 증세에 반대했다.

3. Such a war could result in the use of chemical and (　　　　) weapons.
그와 같은 전쟁은 화학 무기와 생물 무기의 사용을 가져올 것이다.

4. The incident is recounted in his (　　　　).
그 사건은 그의 자서전에 자세히 쓰여 있다.

5. A (　　　　) moon changes into a full moon.
초승달은 만월이 된다.

6. They (　　　　) the advertising budget in order to increase sales.
그들은 매출을 올리기 위해 광고비를 늘렸다.

7. Babies wear (　　　　) when they eat.
아기들은 먹을 때 턱받이를 댄다.

8. The soldiers were (　　　　) to shoot at will.
병사들은 자신의 의지로 발포할 권한을 부여받았다.

9. The dogs followed the fox's (　　　　) to the edge of the forest.
그 개들은 숲 끝까지 여우 냄새를 쫓았다(사냥감을 추격했다).

10. We were (   )not to question our leaders.
우리는 우리 지도자들에게 질문을 하지 않도록 교육받았다.

❸ 다음 문장의 해석 부분을 완성하시오.

1. complete sociopath (완전한 □□□□ □□)
2. sensual man (□□적인 남자)
3. fall into a deep slumber (깊은 □에 빠져들다)
4. work with vigor (□□차게 일하다)
5. revitalize a weak economy (약한 경제를 □□□□□)
6. cold beverage (차가운 □□□)
7. prescribe antibiotics (□□ □□을 처방하다)
8. have bionic ears (□□□인 청력을 가지다)
9. imbibe considerable quantities of gin (상당한 양의 진을 □□□)
10. accrued interest (□□ 이자)

❹ 다음 문장의 (   ) 안에 들어갈 알맞은 단어를 쓰시오.

1. He's an (   ) on biology.
그는 생물학 전문가이다.

2. A unicorn is an (   ) creature.
유니콘은 공상의 생물이다.

3. He is very (   ) to other people's feelings.
그는 타인의 감정에 매우 쉽게 영향을 받는다.

4. I think it much more (   ) to do it later.
나중에 하는 편이 훨씬 더 현명하다고 생각합니다.

5. He is a man of great (   ) powers.
그는 상상력이 풍부한 사람이다.

6. We tried our best in every (   ) method.
우리는 생각할 수 있는 모든 방법으로 최선을 다했다.

7. He lives in a college (   ).
그는 대학 기숙사에 살고 있다.

8. His style of painting has been (   ) by many artist.
그의 화풍은 많은 화가들에게 모방되어 왔다.

9. I cannot for the life of me (   ) why he wants to quit his job.

그가 왜 일을 그만두고 싶은지, 나로서는 도저히 모르겠다.

10. He was (   ) to ten years' imprisonment.

그는 10년 금고형을 선고받았다.

동작을 나타내는 어근

131 act (행하다) 1

무대에서 연기를 하는 '배우'는 actor이다.

---

activate
[ǽktəvèit]

어원 act「행하다」 + ate「동접」
[동] 활동적으로 하다, 반응을 촉진하다
activated [형] 활성의

The process is **activated** by sunlight.
그 작용은 햇빛에 의해 반응이 촉진된다.

---

actual
[ǽktʃuəl]

어원 act「행하다」 + ual「형접」
[형] 실제의 [명] 다큐멘터리 방송
actually [부] 실제로
actuality [명] 현실성, 실상

I thought the work would be difficult. In **actual** fact, it is easy.
나는 그 일이 어려울 거라고 생각했으나 실제는 간단합니다.

---

activity
[æktívəti]

어원 act「행하다」 + ity「명접」
[명] 활동, 활약

Watching TV is a passive **activity**.
텔레비전을 보는 것은 수동적인 활동이다.

---

exact
[igzǽkt]

어원 ex「완전히」 + act「행하다」
[형] 정확한, 엄밀한
[동] (세금을) 엄하게 거두어들이다, 강요하다
exactly [부] 정확히, 틀림없이, 바로 그렇습니다
exacting [형] 엄한, 몹시 힘이 드는

Can you tell me the **exact** time?
정확한 시간을 가르쳐 주시겠습니까?

코미디 프로그램에서는 리액션(반응–reaction)이 좋은 방청객이 많을수록 좋다.

counteract
[kàuntərǽkt]

어원 counter「반대로」+act「행하다」
图 중화하다, 거꾸로 행동하다, 좌절시키다
counteraction 图 중화, 반작용

Taking vitamins can **counteract** some bad eating habits.
비타민을 섭취하면 나쁜 식습관을 중화할 수 있다.

enact
[enǽkt]

어원 en「~로 하는」+act「행하다」
图 제정하다, 상연하다
enactment 图 제정, 입법, 법률

A new law was **enacted** to limit the number of the immigrants.
이주민 수를 제한하는 신법이 제정되었다.

transact
[trænsǽkt]

어원 trans「넘어서」+act「행하다」
图 (업무, 거래를) 행하다
transaction 图 처리, 절충, 거래

They **transacted** their business over the phone.
그들은 전화로 거래를 했다.

interact
[ìntərǽkt]

어원 counter「사이에」+act「행하다」
图 상호작용하다, ~과 교류하다(with)
interaction 图 상호작용

We learned about how people and their environment **interact**.
우리는 사람들이 어떻게 환경과 상호작용하는지를 배웠다.

133 age, agi (행하다)

아지트는 비합법 운동을 하는 은둔처를 일컫는다.

agile
[ǽdʒəl]

어원 agi「행하다」+ile「형접」
형 민첩한, 경쾌한, 활기찬, (머리의 회전이 빠른), 기민한
agility 명 민첩, 경쾌

Dogs are surprisingly **agile**.
개들은 놀랄 만큼 민첩하다.

agitate
[ǽdʒətèit]

어원 age「행하다」+ate「동접」
동 뒤흔들다, 휘젓다, 세상의 이목을 집중시키다, 동요하게 하다
agitation 명 동요, 흥분, 선동

As a young man, he had **agitated** against the Vietnam War.
젊은 시절, 그는 베트남 전쟁에 반대하여 세상의 이목을 집중시켰다.

agenda
[ədʒéndə]

어원 ○ (해야 할 일)
명 협의 사항, 의제, 예정표

Let's go on to the next item on the **agenda**.
협의 사항의 다음 항목으로 넘어갑시다.

agent
[éidʒənt]

어원 age「행하다」+ent「사람」
명 대리인, 대리점
agency 명 작용, 대리점, 기관

Our **agent** in New York deals with all US sales.
뉴욕 대리점에서는 미국 전역 판매품을 취급하고 있습니다.

134 ban(d), bond, bind (결합하다, 묶다) 1

밴드(band)란 같은 기분으로 결성된 집단을 말한다.

bandage
[bǽndidʒ]

어원 band「묶다」+age「명접」 ○ (묶은 것)
명 붕대   통 붕대를 감다

Wind the **bandage** around your finger.
손가락 둘레에 붕대를 감으시오.

ban
[bæn]

어원 ○ (하나로 결합한 것)
명 금지(령)   통 금지하다, 파문하다

The government is considering a total **ban** on the sale of handguns.
정부는 권총의 전면적인 판매금지를 생각하고 있다.

bandit
[bǽndit]

어원 band「결합하다」+it「접어」 ○ (작은 사람들이 결합한)
명 산적, 깡패, 강도
banditry 명 강도, 강도단

The **bandits** took jewelry and cash.
강도들이 보석과 현금을 훔쳤다.

banish
[bǽniʃ]

어원 ban「묶다」+ish「동접」 ○ (양팔을 묶다)
통 추방하다, 유형에 처하다, 쫓아내다
banishment 명 유형

Napoleon was **banished** to the island of St. Helena in 1815.
나폴레옹은 1815년에 세인트헬레나 섬으로 유배되었다.

135 ban(d), bond, bind (결합하다, 묶다) 2

바인더(binder)는 낱장의 종이들을 하나로 묶어두기 위한 것이다.

---

bind
[báind]

어원 ● (끈으로 묶다)

동 묶다, 매다, 의무를 지우다, 제본하다
binder 명 제본사, 띠처럼 두르는 표지
binding 형 구속력이 있는, 묶는
bound 형 묶인, ~할 의무가 있는, 꼭 ~할, ~행의

The treaty **binds** the two countries to reduce the number of nuclear weapons.
그 조약은 두 나라가 핵무기 숫자를 감축할 의무를 지운다.

---

bundle
[bʌ́ndl]

어원 bund「묶다」+le「접어」 ● (작게 묶은 것)

명 다발, 꾸러미
동 묶다, 서둘러 쫓아내다
bunch 명 다발, 혹, 무리

She keeps all his old letters, tied up in **bundles**.
그녀는 그의 오래된 편지를 다발로 묶어서 가지고 있다.

---

bond
[bɑnd]

어원 ● (묶는 것)

명 유대, 결속, 속박, 계약, 약정, 묶는 것
bondage 명 속박, 노예의 신분

The **bond** between mother and child is extremely strong.
어머니와 자녀의 유대는 대단히 강하다.

---

boundary
[báundəri]

어원 bound「묶다」+ary「장소」

명 경계(선), 한계

A fence marks the property's **boundaries**.
울타리는 재산의 경계선을 표시한다.

136 call, cil (부르다)

달력(calendar)은 매달 1일이 지불 마감 일이었던 데서 유래되었다.

recall
[rikɔ́ːl]

어원 re「다시」+call「부르다」 ○ (다시 부르다)
통 기억해 내다, 생각나게 하다, 소환하다
명 되부름, 리콜

I can't **recall** meeting him before.
나는 이전에 그와 만났던 것을 기억해 낼 수 없다.

council
[káunsəl]

어원 coun「함께」+cil「부르다」 ○ (불러서 모이다)
명 회의, 평의회
councilor 명 평의원

My mother is on the local **council**.
저희 어머니는 지역의 평의회 의원입니다.

conciliation
[kənsìliéiʃən]

어원 con「함께」+cil「부르다」+ate「동접」+ion「명접」 ○ (불러서 모이는 것)
명 조정, 화해, 위로, 회유
conciliate 통 달래다, 회유하다, 조정하다

As a sign of **conciliation**, army troops were withdrawn from the area.
화해의 표시로 군대가 그 지역에서 철수했다.

reconcile
[rékənsàil]

어원 re「원래대로」+con「함께」+cil「부르다」 ○ (함께 다시 부르다)
통 화해시키다, 중재하다, 조화시키다, 만족시키다
reconciliation 명 화해, 소성, 조회

He made efforts to **reconcile** me with my wife.
그는 나와 아내를 화해시키려고 노력했다.

137 cons (조언)

카운슬링(counseling)은 조언을 구하는 것이다.

---

consul
[kánsəl]

어원 ◐ (조언하는 사람)
몡 영사, 《로마사》 집정관
consular 혱 영사의, 영사관의

The Korean **consul** in London is proud of his assignment.
런던의 한국 영사는 자신의 임무에 긍지를 가지고 있다.

---

consulate
[kánsəlit]

어원 ◐ (조언하는 곳)
몡 영사관, 영사의 직
consulates general 몡 총영사관

They hurried there but the **consulate** could offer no assistance.
그들은 그곳으로 서둘렀지만 영사관은 원조를 해줄 수가 없었다.

---

counsel
[káunsəl]

어원 ◐ (조언)
몡 충고, 조언, 협의, 변호사단
통 충고하다, 권하다, 협의하다
counselor 몡 조언자, 카운슬러

Listen to the **counsel** of your elders.
손윗사람의 충고를 들으세요.

---

consult
[kənsΛlt]

어원 ◐ (조언)
통 조언을 구하다, 상담하다, 조사하다
consultant 몡 고문, 컨설턴트
consultation 몡 상담, 협의, 참조, 감정
consulting 혱 자문의, 고문의

I'm going to **consult** my lawyer about this.
이것에 대해서 변호사에게 상담하겠습니다.

138 divid (나누다)

컴퍼스는 디바이더(divider)라고 한다.

---

divide
[diváid]

어원 di「떨어져서」+vide「나누다」

동 나누다, 분리하다, 분배하다, 분담하다
division 명 분할, 부분, 차이, 학부

The book is **divided** into ten chapters.
이 책은 10장으로 나뉘어져 있다.

---

dividend
[dívədènd]

어원 ○ (나누어 받는 것)

명 배당(금), 이익 배당, 덤

Honesty pays **dividends**.
정직은 덤을 준다.

---

devise
[diváiz]

어원 devi「나누다」+ise「동접」○ (궁리해서 나누다)

동 생각해 내다, 궁리하다, 고안하다
device 명 장치, 궁리

A new system has been **devised** to control traffic in the city.
도시의 교통을 통제하기 위한 새로운 시스템이 고안되었다.

---

individual
[ìndəvídʒuəl]

어원 in「~가 아닌」+divid「나누다」+ual「형접」○ (나눌 수가 없는)

형 개개의, 개별의, 개인의, 독자적인
명 개인, 개체
individualistic 형 개인주의의
individuality 명 개성, 인격, 개인

Each **individual** employee was given a bonus.
종업원 각자에게 보너스가 지급되었다.

139 dra (끌다)

권투에서 '무승부' 는 draw이다.

---

draw
[drɔː]

어원 ⟳ (끌어당기다)
- 통 끌다, 그리다
- 명 끌기, 무승부, 끌어들이는 것
- **drawing** 명 그림, 제도, 제비뽑기
- **drawer** 명 서랍

Draw a circle in the middle of the paper.
종이 한가운데에 동그라미를 그리시오.

---

drag
[dræg]

어원 ⟳ (질질 끌다)
- 통 질질 끌고 가다, 끌려가다, 무거운 듯이 움직이다
- 명 장애물, 영향력
- **draggy** 형 지루한

We **dragged** him from his bed.
우리는 그를 침대에서 끌어냈다.

---

withdraw
[wiðdrɔ́ː]

어원 with「후퇴하여」+ draw「끌다」
- 통 움츠리다, 물러나게 하다, 철수시키다, 취소하다
- **withdrawal** 명 퇴출, 은퇴, 취소, 철수

Government troops were forced to **withdraw**.
정부군은 철수를 강요받았다.

---

draft
[dræft]

어원 ⟳ (선을 긋는 것)
- 명 초고, 초안, 밑그림, 통풍, 징병, 짐수레를 끄는 짐승

She asked me to check the **draft** of her proposal.
그녀는 제안의 초안을 체크해 달라고 나에게 부탁했다.

140 fal(l), fail, frau (속이다)

맞으면 True, 틀리면 False이다.

fail
[feil]

어원 ⟳ (기대를 저버리다)
- 통 실패하다, ~하지 못하다, 결핍되다, 떨어지다
- 명 실패, 낙제
- **failure** 명 실패, 태만, 부족

He **failed** his math test yesterday.
그는 어제 치른 수학 시험에서 낙제했다.

false
[fɔːls]

어원 ⟳ (상대를 속이다)
- 형 틀린, 신용할 수 없는, 가짜의
- **falsehood** 명 거짓말, 허위

Decide whether these statements are true or **false**.
이 진술들이 올바른지 또는 틀린지를 결정하시오.

fallacy
[fǽləsi]

어원 fall「속이다」+cy「명접」 ⟳ (속이는 것)
- 명 그릇된 생각, 잘못
- **fallacious** 형 그릇된, 남을 현혹시키는

Don't believe the **fallacy** that money brings happiness.
돈이 행복을 가져다준다는 그릇된 생각을 믿어서는 안 된다.

fraud
[frɔːd]

어원 ⟳ (속이는 것)
- 명 사기 (행위), 사기꾼
- **fraudulent** 형 사기를 하는, 부정한

He's been charged with tax **fraud**.
그는 세금 사기 혐의로 기소되었다.

141 funct (행하다)

function은 '작동하다' 는 뜻에서 왔다.

function
[fʌ́ŋkʃən]

어원 funct「행하다」+ion「명접」 ○ (행하는 것)
명 기능, 역할, 작용
통 기능을 다하다, 작용하다
functional 형 기능(직무) 상의, 기능을 다하는, 실용적인

He thought that **function** was more important than form.
그는 형식보다 기능이 중요하다고 생각했다.

functionary
[fʌ́ŋkʃənèri]

어원 funct「행하다」+ion「명접」+ary「형접」
형 직무의, 기능의
명 직원, 공무원

The President visited Japan and brought **functionaries** along.
대통령은 일본을 방문하여 공무원을 인솔했다.

perfunctory
[pəːrfʌ́ŋktəri]

어원 per「통해서」+funct「행하다」+ory「형접」 ○ (전체를 통해서 하다)
형 형식적인, 겉치레만의
perfunctorily 부 형식적으로

The applause was **perfunctory**.
그 박수는 형식적인 것이었다.

malfunction
[mælfʌ́ŋkʃən]

어원 mal「나쁜」+function「기능」
명 고장, 기능 부전
통 (기계 따위가) 제대로 작동하지 않다

There must have been a computer **malfunction**.
컴퓨터가 고장 난 게 틀림없다.

142 junc, join (잇다, 연결하다)

조인트 콘서트(joint concert)를 기다리다.

---

junta
[húntə]

어원 ○ (이어진 것)
명 군사 정부(정권), 의회, 비밀결사, 당파
junto 명 비밀결사, 당파

A military **junta** took control of the country.
군사정부가 그 나라를 지배했다.

---

junction
[dʒʌ́ŋkʃən]

어원 junc「잇다」 +tion「명접」 ○ (이어진 부분)
명 교차점, 접합, 합체
juncture 명 접속, 연락, 시점, 시기

Carry on till you get to the **junction**, then turn right.
교차점까지 쭉 가서 우회전하세요.

---

adjoin
[ədʒɔ́in]

어원 ad「~쪽으로」 +join「잇다」
동 인접하다, 연결하다
adjoining 형 서로 접한, 부근의

A luxury hotel **adjoins** the convention center.
호화로운 호텔이 컨벤션 센터에 인접해 있다.

---

conjunction
[kəndʒʌ́ŋkʃən]

어원 con「함께」 +junc「잇다」 +tion「명접」
명 결합, 공동, 접속사
conjunct 형 결합한, 공동의

They are working in **conjunction** with a builder in planning their new house.
그들은 새집의 설계에 관해 건설업자와 협력하여 일하고 있다.

143 leg (보내다)

legacy는 '유산' 이라는 뜻이다.

---

legacy
[légəsi]

어원 ● (보내어 온 것)
명 유산, 유물, 조상 전래의 것

The house was a legacy from her aunt.
그 집은 그녀의 숙모의 유산이었다.

---

legation
[ligéiʃən]

어원 leg「보내다」+tion「명접」● (보낸 것)
명 공사 일행, 사절 파견
legate 명 사절, 국사

Britain has sent a legation to discuss trade and tariffs.
영국은 무역과 관세를 토론하기 위해 사절을 파견했다.

---

relegate
[réləgèit]

어원 re「뒤에」+leg「보내다」+ate「동접」
동 낮은 지위로 내쫓다, 좌천시키다, 추방하다
relegation 명 좌천, 추방

Our team was relegated to a minor league.
우리 팀은 마이너리그로 내쫓겼다.

---

delegate
[déləgèit]

어원 de「떨어져서」+leg「보내다」+ate「동접」● (떨어진 곳으로 보내다)
동 대표로 파견하다, 대리자로 임명하다, 위임하다
명 대표, 사절
delegation 명 대표 파견, 위임

The job had to be delegated to an assistant.
그 일은 조수에게 위임되어야만 했다.

144 lic (허락하다)

면허증(license)은 허가하는 것이다.

---

license
[láisəns]

어원 lic「허락하다」+ense「명접」 ➡ (허락하는 것)
- 몡 허가, 면허증(장), 자유
- 통 허가[면허]를 주다
- **licensed** 혱 면허를 받은, 인가된

You need a **license** to fish in this river.
당신이 이 강에서 낚시를 하려면 허가가 필요하다.

---

leisure
[líːʒər]

어원 ➡ (자유롭게 사용하도록 허가된 상태)
- 몡 여가, 자유 시간, 한가함
- **leisurely** 혱 서두르지 않는, 여유 있는

We talked at **leisure** while having lunch.
점심 식사를 하면서 우리는 여유롭게 이야기를 나눴다.

---

illicit
[ilísit]

어원 i(l)「~가 아닌」+lic「허락하다」+it「~되다」 ➡ (허락되지 않는)
- 혱 불법의, 금지된
- **licit** 혱 합법적인

Marijuana remains the most commonly used **illicit** drug in the United States.
미국에서 마리화나는 가장 일반적으로 사용되고 있는 불법 약물이다.

---

licentious
[laisénʃəs]

어원 lic「허락하다」+tious「형접」 ➡ (상대방에게 몸을 허락해버리다)
- 혱 방탕한, 부도덕한, 무법의

I was shocked at the **licentious** atmosphere of the woman.
그 여성의 방탕한 분위기에 나는 충격을 받았다.

145 lic, lect (유혹하다)

delicious는 〈완전히(de) + 요리에 유혹받다(lic)〉에서 '맛있다'는 뜻이 된다.

delicate
[délikət]

어원 de「완전히」+lic「유혹하다」+ate「형접」 ◎ (사로잡다)
형 섬세한, 풍미가 좋은, 부드러운, 예민한
delicacy **명** 우아, 우미, 미묘함, 정교함

Tourists often disturb the **delicate** balance of nature on the island.
관광객들이 섬의 섬세한 자연의 조화를 깨뜨리는 경우가 자주 있다.

delight
[diláit]

어원 de「완전히」+light「유혹하다」 ◎ (완전히 사로잡다)
명 환희, 기쁨, 즐거움
동 크게 기쁘게 하다, 즐거워하다
delightful **형** 즐거운

His **delight** at being asked to play the piano for us was clear.
피아노를 연주해 달라고 부탁받았을 때, 그의 기쁨은 명백했다.

elicit
[ilísit]

어원 e「밖에」+lic「유혹하다」 ◎ (꾀어내다)
동 꾀어 내다, 이끌어 내다
elicitation **명** 끌어내기, 꾀어내기

The police officer tried to **elicit** a confession from the criminal.
경찰은 범인으로부터 자백을 유도해 내려고 했다.

delectable
[diléktəbəl]

어원 de「완전히」+lect「유혹하다」+able「~할 수 있는」 ◎ (완전히 꾀어낼 수 있다)
형 맛있는, 매력적인, 즐거운, 유쾌한
delectation **명** 즐거움, 기쁨, 유쾌함

Delectable smells rose from the kitchen.
맛있는 냄새가 부엌에서 올라왔다.

146 lute, luge, lot, laund, lava (씻다)

laundry는 〈laund(씻다) + ry(장소)〉에서 '세탁소' 라는 뜻이 된다.

ablution
[əblúːʃən]

어원 ab「떨어져서」 +lut「씻다」 +ion「명접」 ◐ (씻어서 더러움을 없애는 것)
명 세정식(성찬식 전후에 손 등을 씻는 의식), 《복수형》 목욕

I must just perform my **ablutions**.
나는 목욕을 해야만 한다.

deluge
[déljuːdʒ]

어원 de「떨어져서」 +ludge「씻다」 ◐ (씻어 내다)
통 물에 잠기게 하다, 쇄도하다, 떼 지어 몰려오다
명 (대)홍수

We have been **deluged** with applications for the job.
그 일에 지원자가 쇄도하고 있다.

dilute
[dilúːt]

어원 di「떨어져서」 +lute「씻다」 ◐ (씻어 내다)
통 묽게 하다, 희석하다, 약해지다
형 희박한
dilution 명 묽게 하기, 희석

Add some red wine to **dilute** the tomato sauce.
레드 와인을 첨가하여 토마토소스를 묽게 하시오.

lotion
[lóuʃən]

어원 lot「씻다」 +ion「명접」 ◐ (씻는 것)
명 로션, 화장수, 외용 물약

People use suntan **lotion** to protect against sunburn.
사람들은 햇볕에 타지 않으려고 자외선 차단 로션을 사용한다.

147 man (머무르다)

맨션(mansion)은 '머무를 장소' 란 뜻을 가진 대저택을 말한다.

---

remain
[riméin]

어원 re「뒤에」+main「머무르다」
동 머무르다, 여전히 ~인 그대로이다, 남다
명 나머지 (것), 유적, 유물
remainder **명** 나머지 (것), 잉여

This trip will always **remain** in my memory.
이 여행은 내 기억 속에 언제까지나 남아 있을 것이다.

---

remnant
[rémnənt]

어원 re「뒤에」+man「머무르다」
명 나머지, 자취, 옛 모습

Beneath the present church were **remnants** of Roman flooring.
현재 교회의 지하에 로마시대의 마루의 자취가 있다.

---

manor
[mǽnər]

어원 ○ (영주가 머무는 곳)
명 장원, 영주의 저택

Wealthy English people live in **manors**.
부유한 영국 사람들이 저택에 살고 있다.

---

permanent
[pə́:rmənənt]

어원 per「완전히」+man「머무르다」+ent「형접」
형 영구한, 영속하는, 영원의, 불변의
perm **명** 파마 **동** 파마하다

He is applying for **permanent** residence in the U.S.A.
그는 미국의 영주권을 신청하고 있다.

148 min (돌출하다)

태양의 대기, 코로나에서 돌출된 홍염은 prominence이다.

mine
[main]

어원 ○ (대지에서 돌출한 것)
- 명 광산, 광갱, 지뢰, 기뢰
- 동 채굴하다, 파다, 지뢰(기뢰)를 부설하다
- **miner** 명 광부

Most of the new settlers came here to **mine** for gold.
새로운 개척이민자들 대부분이 금을 채굴하러 이곳에 왔다.

eminent
[émənənt]

어원 e「밖에」+min「돌출하다」+ent「형접」
- 형 저명한, 탁월한, 우수한
- **eminence** 명 저명, 명성, 탁월

She's an **eminent** psychiatrist at the Harvard Medical School.
그녀는 하버드 의학부에서 유명한 정신과 의사이다.

prominent
[prámənənt]

어원 pro「앞에」+min「돌출하다」+ent「형접」
- 형 돌출한, 튀어나온, 눈에 띄는, 탁월한
- **prominence** 명 눈에 띄기, 탁월, 돌출

His front teeth are rather **prominent**.
그의 앞니는 약간 돌출되어 있다.

imminent
[ímənənt]

어원 im「위에」+min「돌출되다」+ent「형접」
- 형 설박한, 급박힌, 앞으로 튀어나온
- **imminence** 명 절박, 급박

It is not an overstatement to say a crisis is **imminent**.
위기가 촉박하다 해도 과언이 아니다.

149 mix, mis, med (섞다)

과일 혼합 주스(fruits mix juice)를 마시다.

mixture
[míkstʃər]

어원 mix「섞다」+ure「명접」 ◐ (섞은 상태)
명 혼합(물), 첨가물
mix 통 섞다, 혼합하다

He is always speaking in a mixture of English and Japanese.
그는 언제나 영어와 일본어를 섞어서 말한다.

meddle
[médl]

어원 med「섞다」+dle「반복」
통 간섭하다, 말참견하다, 참견을 하다
meddler 명 쓸데없이 참견하는 사람

You have no right to meddle in her affairs.
당신은 그녀의 일에 간섭할 권리가 없다.

miscellaneous
[mìsəléiniəs]

어원 miscel「섞다」+any「명접」+eous「형접」 ◐ (섞여 있는 것)
형 다방면의, 잡다한
miscellany 명 뒤범벅, 문집

You'll need enough money for food, transport, and other miscellaneous costs.
당신은 식료, 교통수단, 그 외의 잡다한 비용으로 충분한 돈이 필요할 것이다.

promiscuous
[prəmískjuəs]

어원 pro「앞에」+misc「섞다」+uous「형접」 ◐ (사람 앞에서 남녀가 섞여서 만나다)
형 난잡한, 무차별의, 뒤섞인
promiscuity 명 난교, 혼란

I guess she was quite promiscuous in her youth.
나는 그녀가 젊은 시절에는 꽤 난잡했다고 생각한다.

150 mum, mut (역할, 분할)

커뮤니티 〈com(함께) + mun(분할) + ity「명」〉는 '서로의 의사를 나누는 장소'라는 의미이다.

---

common
[kámən]

어원 com「함께」+mon「분할」
형 공통의, 보통의, 흔히 있는, 일반적인
commonplace 형 흔해빠진, 평범한

High blood pressure is a **common** accompaniment to this disease.
고혈압은 이 병에는 일반적인 것이다.

---

mutual
[mjú:tʃuəl]

어원 mut「분할」+ual「형접」
형 상호의, 공통의
mutuality 명 상호 관계, 상관

We met each other through a **mutual** friend.
우리는 공통의 친구를 통해 만났다.

---

municipal
[mju:nísəpəl]

어원 mut「분할」+cip「취하다」+al「형접」 ○ (서로 이해하다)
형 지방자치의, 시영의, 도시의
municipalize 통 자치화하다, 시영화하다

Not far from the town center is the **municipal** park.
마을 중심으로부터 멀지 않은 곳에 시영 공원이 있다.

---

immune
[imjú:n]

어원 im「~가 아닌」+mune「역할」 ○ (역할이 아닌)
형 (과세, 의무로부터) 면제된, 면역(성)의, 영향을 받지 않는
immunity 명 면역(성), 면제
immunize 통 면역성을 주다

Adults are often **immune** to German measles.
어른들은 풍진에 면역성이 있는 경우가 흔하다.

151 muse (우두커니 있다)

음악(music)을 들으며 우두커니 있다.

---

muse
[mju:z]

어원 ▸ (우두커니 있다)
图 명상에 잠기다, 심사숙고하다, 깊이 생각하다, 유심히 바라보다

He began to **muse** about the possibility of starting his own business.
그는 자신의 회사를 설립할 가능성에 대해 깊이 생각하기 시작했다.

---

amuse
[əmjú:z]

어원 a「~쪽으로」+muse「우두커니 있다」
图 즐겁게 하다, 재미나게 하다
amusement park 명 유원지, 놀이공원

Most ski resorts offer activities to **amuse** children.
대부분의 스키 리조트는 아이들을 즐겁게 해줄 활동을 제공하고 있다.

---

amusing
[əmjú:ziŋ]

어원 amuse「즐겁게 하다」+ing「형접」
형 즐거운, 재미있는

I found the new movie very **amusing**.
그 새로운 영화는 매우 재미있었다.

---

bemused
[bimjú:zd]

어원 be「완전히」+muse「우두커니 있다」+ed「~당하다」 ▸ (아무것도 하지 않은 채 우두커니 있다)
형 멍한, 어리벙벙한

He looked **bemused** by the questions.
그는 그 질문에 어리벙벙한 것 같았다.

152 nect, nex (연결하다)

백화점의 아넥스(annex)는 본관과 이어진 별관을 말한다.

annex
[ənéks]

어원 an「~쪽으로」+nex「연결하다」 ◎ (연결시키다)
- 통 합병하다, 첨가하다
- 명 [ǽneks]첨가물, 부속문서, 별관
- **annexation** 명 첨가물, 병합, 부가

Germany **annexed** Austria in 1938.
독일은 1938년에 오스트리아를 합병했다.

connect
[kənékt]

어원 con「함께」+nect「연결하다」
- 통 결합시키다, 관계시키다, 연결되다, 연락하다
- **connection** 명 관계, 연결, 관련, 연고자

Home workers are **connected** with the office by the Internet.
재택근무자는 인터넷으로 회사와 연결되어 있다.

disconnect
[dìskənékt]

어원 dis「~가 아닌」+connect「연결하다」 ◎ (연결되지 않다)
- 통 (공급을) 끊다, 분리시키다, 손을 떼다
- **disconnection** 명 차단, 분리, 지리멸렬

He was **disconnected** because he hadn't paid the bill.
그가 요금을 지불하지 않아서 전기가 끊어졌다.

interconnect
[ìntərkənékt]

어원 inter「사이에」+connect「연결하다」
- 통 서로 연결히디(되다)

In Freud's theory, the two areas of sexuality and violence are **interconnected**.
프로이트의 이론에서 성욕과 폭력의 두 영역은 서로 연결되어 있다.

153 par, pear (나타나다)

레퍼토리(repertory)는 '몇 번이나 나타나다' 는 뜻에서 왔다.

disappear
[dìsəpíər]

어원 dis「~가 아닌」 +appear「나타나다」 ◎ (나타나지 않다)
(통) 사라지다, 보이지 않게 되다, 없어지다
disappearance (명) 소실, 소멸
appear (통) 나타나다, ~처럼 보이다

By the time of the trial, the tape had mysteriously **disappeared**.
불가사의하게도, 그 테이프는 재판이 열리는 시점에 맞춰 사라져버렸다.

apparent
[əpǽrənt]

어원 ap「~의 쪽으로」 +par「나타나다」 +ent「형접」
(형) 명백한, 외관상의
apparently (부) 외관상으로는, 분명히

It was **apparent** that no one was going to come.
누구도 나타나지 않을 것이 명백했다.

transparent
[trænspέərənt]

어원 trans「넘어서」 +par「나타나다」 +ent「형접」 ◎ (넘어서 보이다)
(형) 투명한
transparency (명) 투명(함)

The insect's wings are almost **transparent**.
그 곤충은 날개는 거의 투명하다.

apparition
[æpəríʃən]

어원 ap「~의 쪽으로」 +par「나타나다」 +tion「명접」
(명) 망령, 유령, 기괴한 현상

The **apparition** ran silently across the lobby and disappeared through a window.
유령은 로비를 가로질러 소리도 내지 않고 달리더니 창을 통과해서 사라졌다.

154 pend, pens (계산하다, 지불하다)

dispenser는 〈dis(떨어져서) + pens(지불하다) + er(물건)〉에서 '자동판매기' 라는 뜻이 된다.

pension
[pénʃən]

어원 pens「지불하다」+ion「명접」 ◐ (정부가 지불하는 것)
명 연금 통 연금을 주다
pensioner 명 연금수급자

He went to the post office to draw his **pension**.
그는 우체국에 가서 연금을 인출했다.

pensive
[pénsiv]

어원 pens「재다」+sive「형접」 ◐ (양팔저울의 좌우를 꼼짝도 않고 보고 있다)
형 구슬픈, 깊은 생각에 잠겨 있는

What's the matter? you look **pensive**.
무슨 일이에요? 슬퍼 보여요.

stipend
[stáipend]

어원 sti「선물」+pend「지불하다」
명 연금, 장학금, 급여금, 수당
stipendiary 형 유급의, 봉급을 받는

His daughter got $20,000 in cash and a travel **stipend**.
그의 딸은 현금 2만 달러와 여행 수당을 받았다.

recompense
[rékəmpèns]

어원 re「다시」+com「함께」+pense「재다」
통 보답하다, 보상하다, 답례하다
명 보답, 보수, 보상

Even if the defect is unknown to the seller, he has to **recompense** the buyer.
결함이 판매자에게 알려지지 않았다고 하더라도, 판매자는 구매자에게 보상을 해야 한다.

★ dispense : 분배하다　★ expense : 비용　★ expend : 소비하다　★ compensate : 보상하다

155 exper (시도, 시험)

expert는 몇 번이고 시도하여 얻은 기술과 지식을 가진 사람이라는 의미에서 '전문가' 가 된다.

expert
[ékspə:rt]

어원 ○ (경험을 가진 사람)
명 전문가, 권위자
형 숙달한

The team of **experts** includes psychiatrists, psychologists and social workers.
전문가 팀에는 정신과 의사, 심리학자와 사회사업가가 포함되어 있다.

expertise
[èkspərtí:z]

어원 ○ (경험을 가지고 있는 것)
명 전문적 지식(기술, 능력)

The technical **expertise** was provided by a Korean company.
전문적인 기술은 한국 기업에 의해 제공되었다.

experiment
[ikspérəmənt]

어원 experi「시험하다」+ment「명접」 ○ (시험하는 것)
명 실험
동 실험하다
experiment 형 실험의, 실험에 입각한

Many people do not like the idea of **experiments** on animals.
많은 사람들이 동물 실험이라는 생각을 좋아하지 않는다.

experience
[ikspíəriəns]

어원 experi「시험하다」+ence「명접」 ○ (시험해 얻은 지식)
명 경험, 체험
동 경험하다, 체험하다
experienced 형 경험을 쌓은

The salary will be fixed according to qualifications and **experience**.
급여는 자질과 능력에 따라서 결정될 것이다.

214

156 peir, pir (시도, 시험)

영화 〈캐리비안의 해적(Pirates Of The Caribbean)〉은 디즈니랜드의 '카리브의 해적'을 모티브로 해서 만들어졌다.

---

pirate
[páiərət]

어원 ↻ (공격을 시도하다)
명 해적, 약탈자, 해적선, 저작권 침해자
동 해적질을 하다, 저작권을 침해하다
piratical 형 해적의, 저작권을 침해하는

More **pirates** were climbing into the stockade.
많은 해적들이 말뚝 방파제를 넘어 왔다.

---

peril
[pérəl]

어원 ↻ (위험한 시도)
명 위험, 위기
perilous 형 위험한

They put their own lives in **peril** to rescue their friends.
그들은 친구들을 구출하기 위해 자신들의 목숨을 위험에 빠뜨렸다.

---

imperil
[impéril]

어원 im「안에」+peril「위험」
동 위험에 빠뜨리다, 위태롭게 하다

Tax increases now might **imperil** economic recovery.
지금 증세를 하면 경제 회복은 위태로워질 것입니다.

---

empirical
[empírikəl]

어원 em「안에」+peril「위험」+cal「형접」
형 실험(경험)에 근거를 둔, 경험적인
empiricism 명 실험주의

His theory is inconsistent with the **empirical** evidence.
그의 이론은 실험으로 얻은 증거와 일치하지 않는다.

157 rap, rav (낚아채다)

쾌속열차는 rapid train이라고 한다.

---

rapid
[rǽpid]

어원 rap「낚아채다」+id「형접」 ◐ (낚아채는 듯한 빠르기로)
형 빠른, 긴급한 명 급류, 여울
rapidity 명 급속
rapidly 부 빨리, 급속히

We live in an age of **rapid** technological advance.
우리는 급속한 기술진보의 시대에 살고 있다.

---

rapture
[rǽptʃər]

어원 rap「낚아채다」+ure「명접」 ◐ (마음을 뺏는 것)
명 환희, 큰 기쁨
rapturous 형 기뻐서 어찌할 바를 모르는, 열광적인
rapt 형 열중한, 환희의

They gazed at her performance in **rapture**.
그들은 열광하며 그녀의 연기를 바라봤다.

---

ravish
[rǽviʃ]

어원 rap「낚아채다」+ish「동접」 ◐ (마음을 뺏다)
동 앗아가다, 황홀하게 하다
ravishing 형 황홀한

He was utterly **ravished** by the way she smiled.
그는 그녀의 미소에 완전히 마음을 빼앗겼다.

---

ravage
[rǽvidʒ]

어원 rav「낚아채다」+age「명접」
명 파괴, 파괴된 자취, 참화
동 파괴하다, 황폐화하다

His health was gradually **ravaged** by taking drugs.
그의 건강은 약물 사용에 의해 서서히 파괴되었다.

216

158 rat (계산하다)

달러당 환율(rate)은 그때그때 다르다.

ratio
[réiʃou]

어원 ◐ (계산하는 것)
⟨명⟩ 비율, 비례

What is the **ratio** of boys to girls in this school?
이 학교의 남녀 비율이 얼마나 됩니까?

ratify
[rǽtəfài]

어원 rat「계산하다」+fy「동접」 ◐ (계산해서 확인하다)
⟨통⟩ 비준하다, 승인하다
ratification ⟨명⟩ 비준, 승인

The US Senate **ratified** the treaty with Mexico.
미국 상원은 멕시코와의 조약을 비준했다.

rational
[rǽʃənl]

어원 rat「계산하다」+ion「명접」+al「형접」 ◐ (계산적인)
⟨형⟩ 합리적인, 이치에 들어맞는, 이성적인
irrational ⟨형⟩ 비합리적인, 무분별한, 이치에 어긋나는

The decision was based on emotion rather than **rational** thought.
그 결정은 합리적인 생각보다도 감정을 근거로 했다.

overrate
[òuvəréit]

어원 over「과도하게」+rate「계산하다」
⟨통⟩ 과대평가하다, 지나치게 어림잡다
underrate ⟨통⟩ 과소평가하다

I am of the opinion that her work has been **overrated**.
그녀의 일은 과대평가되었다는 것이 저의 의견입니다.

159 rol, rot (말다, 동그라미)

아보카도를 넣고 말은 스시는 캘리포니아 롤이다.

---

role
[roul]

어원 ◯ (배우의 대사를 적은 두루마리에서)
명 역, 역할, 임무

She was auditioning for the **role** of Lady Macbeth.
그녀는 맥베스 부인 역할의 오디션을 받고 있었다.

---

rotate
[róuteit]

어원 rot「동그라미」+ate「동접」◯ (동그라미를 그리다)
통 회전하다(시키다), 순환하다, 교대하다
rotation 명 회전, 교대
rotary 형 회전하다, 회전식의

Rotate the wheel through 180 degrees.
차바퀴를 180도 회전시키시오.

---

enroll
[enróul]

어원 en「안에」+roll「두루마리」
통 명부에 올리다, 등록하다
enrollment 명 입대, 입학, 입회

You have to **enroll** before the end of April.
당신은 4월 말까지 등록해야만 한다.

---

scroll
[skroul]

어원 ◯ (두루마리 종이)
통 화면이동하다
명 두루마리, 소용돌이무늬

Scroll down to the bottom of the document.
문서의 아래쪽으로 화면이동하시오.

160 sci (알다)

과학(science)은 '아는 것'이라는 뜻에서 왔다.

conscious
[kánʃəs]

어원 con「완전히」 +sci「알다」 +ous「형접」
형 의식하고 있는, 자각하고 있는, 자의식이 강한
consciousness 명 의식, 자각

The man was so drunk that he was barely **conscious**.
그 남자는 너무 취해서 거의 의식이 없었다.

conscientious
[kànʃiénʃəs]

어원 con「완전히」 +sci「알다」 +enc「명접」 +ous「형접」
형 양심적인, 성실한
conscience 명 양심, 분별

She was a very **conscientious** student and attended all her lectures.
그녀는 매우 성실한 학생으로 모든 강의에 출석했다.

omniscient
[amníʃənt]

어원 omni「모든」 +sci「알다」 +ent「형접」 ○ (모든 것을 알고 있는)
형 전지의, 박식한
omniscience 명 전지, 무한지식

He considers himself to be **omniscient**, but he is not.
그는 자신을 무엇이든지 알고 있는 사람이라고 생각하지만, 그렇지 않다.

prescient
[préʃiənt]

어원 pre「앞에」 +sci「알다」 +ent「형접」 ○ (미리 알고 있는)
형 선견지명이 있는, 앞을 내다보는
prescience 명 선견지명, 예시

It was foolish of you to ignore his **prescient** warnings.
그의 예언적인 경고를 무시하다니, 당신은 어리석었다.

161 scra(p) (긁다)

skyscraper는 〈sky (하늘) + scrap (문지르다) + er (물건)〉에서 '마천루' 란 뜻이 된다.

scrape
[skreip]

어원 ⊙ (긁어서 난 상처)
통 닦아내다, 긁어내다, 생채기를 내다, 평평하게 고르다
명 문지르기, 긁은 자국
scraper 명 땅을 고르는 기계, 구두쇠

The kids **scraped** the mud off their shoes.
아이들은 구두에 묻은 진흙을 닦아냈다.

scrap
[skræp]

어원 ⊙ (긁어 모으다)
명 작은 조각, 자투리, 오려낸 것, 먹다 남은 밥
통 쓰레기로 만들다, 폐기하다
scrappy 형 단편적인, 토막 난

They were giving **scraps** of bread to the birds.
그들은 새들에게 빵조각을 주고 있었다.

scratch
[skrætʃ]

어원 ⊙ (긁는 것이나 모양)
통 긁다, 생채기를 내다, 비비다, 지워 없애다
명 생채기, 긁기
scratchy 형 가려운, 글자를 휘갈긴, 긁히는

He **scratched** at the insect bites on his leg.
그는 벌레에 물린 다리를 긁었다.

scrabble
[skræbəl]

어원 scrab「긁다」+ ble「반복」 ⊙ (몇 번이나 긁다)
통 (손발로) 더듬어 찾다, 휘저어 찾다, 휘갈겨 쓰다
명 서로 뺏기, 휘갈겨 쓰기

I **scrabbled** for the light switch.
나는 전등 스위치를 더듬어 찾았다.

162 sec, sex (나누다, 자르다)

sex는 남녀를 구분하는 것이다.

---

sect
[sekt]

어원 ○ (나눠진 것)
명 파벌, 종파, 학파
sectarian 형 종파의, 파벌적인, 편협한 명 종파

Islam has two main **sects** : the Sunnis and the Shias.
이슬람교는 수니파와 시아파의 2대 주요 종파를 가지고 있다.

---

insect
[ínsekt]

어원 in「안을」+sect「나누다」 ○ (안이 몇 가지로 나눠진)
명 곤충, 벌레
insectivore 명 식충식물(동물)

The Japanese enjoy the song of birds and **insects**.
일본 사람은 새와 곤충이 우는 소리를 즐긴다.

---

segment
[ségmənt]

어원 seg「나누다」+ment「명접」 ○ (나눠진 것)
명 부분, 구분
동 나누다, 분할하다
segmental 형 부분(구분)의

An ant's body is divided into three distinct **segments**.
개미의 몸은 세 개의 다른 부분으로 나뉜다.

---

intersect
[ìntərsékt]

어원 inter「사이에」+sect「나누다」
동 교차하다, 가로지르다
intersection 명 교차(점)

The path **intersected** with a busy road.
그 길은 교통량이 많은 도로와 교차했다.

163 serve (도움이 되다, 유지하다)

××식당의 오늘의 서비스 메뉴는 ○○이다

---

serve
[səːrv]

어원 serve「도움이 되다」
통 봉사하다, 시중들다, 주문을 받다, (음식 따위를) 내다
servant 형 하인, 봉사자
service 형 근무, 공공사업, 접객, 봉사, 병역, 편

Are you being served, sir?
주문하시겠습니까?

---

servile
[sə́ːrvail]

어원 serv「유지하다」+ile「형접」
형 비천한, 노예의, 노예근성의, 독창성이 없는
servility 명 비굴, 노예 상태

The cruel king and his servile courtiers entered the room.
잔인한 왕과 비굴한 아첨꾼들이 방으로 들어왔다.

---

deserve
[dizə́ːrv]

어원 de「완전히」+serve「도움이 되다」
통 당연한 보답(벌, 보상 따위)을 받을 만하다, ~할 가치가 있다
deserving 형 가치가 있는, 당연한 자격을 갖춘

He said I must have done something bad to deserve it.
그는 내가 벌을 받을만한 나쁜 짓을 한 게 틀림없다고 말했다.

---

subservient
[səbsə́ːrviənt]

어원 sub「밑에」+serv「유지하다」+ent「형접」 ○ (밑에서 봉사하다)
형 추종적인, 맹종하는, 복종하는
subservience 형 종속, 복종, 아첨

The wife remained entirely subservient to her husband.
아내는 남편에게 전적으로 복종했다.

★ conserve : 보존하다   ★ observe : 관찰하다   ★ reserve : 예약하다   ★ preserve : 보존하다

164 sit, set, sed, sess (고정시키다, 앉다)

만남 사이트(site)는 만남의 장소로 많이 활용되고 있다.

upset
[ʌpsét]

어원 up「위에」+set「고정시키다」 ➡ (밑에 있는 것을 위로 고정시키다)
[통] 뒤엎다, 망쳐놓다, 마음을 어지럽히다
[명] 전복, 혼란
upsetting [형] 마음을 어지럽히는

He arrived an hour late and **upset** all our arrangements.
그는 1시간 늦게 도착해서 우리의 모든 예정을 망쳐놓았다.

settle
[sétl]

어원 set「앉다」+tle「반복」 ➡ (계속 앉은 상태로 있다)
[통] 진정시키다, 정주하다, 안정되다, 가라앉다, 지불하다
settlement [명] 해결, 결착, 청산, 이민지

I **settled** the bill and left the restaurant.
나는 요금을 지불하고 레스토랑을 나왔다.

situated
[sítʃuèitid]

어원 sit「고정시키다」+te「동접」+ed「~되다」
[형] 위치해 있는, 있는
situation [명] 위치, 장소, 사태, 상태, 장면

The first-class compartment is **situated** at the front of the train.
일등실은 열차 앞쪽에 있다.

sedate
[sidéit]

어원 sed「앉다」+ate「형접」 ➡ (앉아 있는 것처럼)
[형] 침착한, 조용한, 근엄한
sedation [명] 진정작용, 진정제를 사용한 치료

They continued to walk at a **sedate** pace.
그들은 침착한 속도로 계속 걸었다.

★ possess : 가지다 ★ dispossess : 빼앗다

165 spond (맺다, 약속하다)

스폰서(sponsor)란 약속을 맺은 사람이란 뜻이다.

respond
[rispánd]

어원 re「다시」+pond「맺다」 ▶ (다시 맺다)
동 답하다, 반응하다
response 명 대답, 반응

He has never **responded** to my letters.
그는 내 편지에 한 번도 답장을 한 적이 없다.

responsible
[rispánsəbəl]

어원 re「다시」+pond「맺다」+ible「~할 수 있는」 ▶ (다시 맺을 수 있는)
형 책임이 있는, 책임을 져야 할, 신뢰할 수 있는
responsibility 명 책임

Who do you consider to be **responsible** for the accident?
당신은 그 사고에 책임을 져야 할 사람이 누구라고 생각합니까?

despondent
[dispándənt]

어원 de「밑에」+pond「맺다」 ▶ (약속하지 않는)
형 낙담한, 실망한
despond 동 낙담하다, 실망하다

None of the players appeared **despondent** in spite of their defeat.
지긴 했지만, 선수들 그 누구도 낙담하지 않은 것 같았다.

spouse
[spaus]

어원 ▶ (장래를 서로 약속한 사람)
명 배우자
spousal 형 배우자의

Spouses were invited to the company picnic.
회사 피크닉에 배우자들이 초대되었다.

166 tect (가리다)

protector는 ⟨pro(앞에) + tect(가리다) + or(것)⟩에서 왔다.

---

protect
[prətékt]

어원 pro「앞에」+tect「가리다」 ◐ (앞을 가리다)
⟨동⟩ 보호하다, 지키다
protection ⟨명⟩ 보호, 보호하는 것(사람)
protective ⟨형⟩ 보호하는, 보호 무역의

It is the business of the police to **protect** the community.
지역사회를 지키는 것이 경찰의 일이다.

---

detect
[ditékt]

어원 de「~가 아닌」+tect「가리다」 ◐ (앞을 가리지 않다)
⟨동⟩ 찾아내다, 인지하다, 간파하다, 발견하다
detector ⟨명⟩ 탐지기, 발견자
detection ⟨명⟩ 탐지, 발견

I couldn't **detect** much difference in flavor.
나는 향의 차이를 잘 알 수가 없었다.

---

detective
[ditéktiv]

어원 detect「발견하다」+ive「형접」 ◐ (범인을 찾다)
⟨형⟩ 탐정의, 탐지용의
⟨명⟩ 탐정, 형사

He is absorbed in reading **detective** stories.
그는 탐정 소설 읽는 것에 몰두하고 있다.

---

detectaphone
[ditéktəfòun]

어원 detect「탐지하다」+phone「전화」 ◐ (전화로 탐지하다)
⟨명⟩ 전화 도청기

Someone installed a **detectaphone** in the wall.
누군가가 벽에 전화 도청기를 설치했다.

167 temp, tent (시험하다)

tempter란 '유혹하는 사람'. The Tempters는 GS(group sound)의 전성기 그룹이다.

tempt
[tempt]

어원 ⚙ (시험해서 그것을 할 기분이 되다)
동 꾀다, 유혹하다
tempting 형 유혹하는, 매력적인

He was **tempted** to take the day off.
그는 하루 휴가를 내고 싶었다.

temptation
[temptéiʃən]

어원 tempt「유혹하다」+ion「명접」
명 유혹, 충동, 유혹하는 것

The **temptation** to tell her everything was very strong.
그녀에게 전부 말하고 싶은 충동이 매우 강했다.

attempt
[ətémpt]

어원 a(t)「~쪽으로」+tempt「유혹하다」
동 시도하다, 기획하다
명 시도, 기획
attempted 형 미수의

The climbers will make another **attempt** to reach the summit today.
오늘 등산가들은 한 번 더 정상에 도달하려고 시도할 것이다.

tentative
[téntətiv]

어원 tent「시험하다」+ive「형접」
형 시험적인, 실험적인, 임시의
명 시안, 시도, 가설

Workers have reached a **tentative** agreement with management.
노동자들은 경영자들과 임시 합의에 도달했다.

226

168 tend (뻗다)

프레슬리의 명곡 〈Love Me Tender〉는 "부드럽게 사랑해줘요"란 뜻이다.

tender
[téndər]

어원 ✪ (손을 뻗다)
- 동 제출하다, 제공하다
- 명 제출(물), 제공(된 돈)

She has **tendered** her resignation to the Prime Minister.
그녀는 수상에게 사표를 제출했다.

distend
[disténd]

어원 dis「떨어져서」+tend「뻗다」
- 동 팽창시키다, 넓어지다, 팽창하다, 넓히다
- **distension** 명 팽창

Air is introduced into the stomach to **distend** it for easier visualization.
공기가 위로 들어가 위를 팽창시켜서 투시가 좀 더 쉬워진다.

portend
[pɔːrténd]

어원 por「앞에」+tend「뻗다」
- 동 전조가 되다, 예고하다
- **portent** 명 전조, 징후, 경이적인 사람(물건)

Black clouds **portend** a storm.
검은 구름은 폭풍우의 전조이다.

tendon
[téndən]

어원 ✪ (뻗은 것)
- 명 《해부》 힘줄
- **tendinous** 형 힘줄의

The bike fell on him, tearing his Achilles **tendon**, which is no joke at all.
그에게 자전거가 쓰러져 아킬레스건이 째지고 말았다니, 웃을 일이 아니다.

★ tend : 돌보다, 경향이 있다 ★ intend : ~할 작정이다 ★ attend : 출석하다 ★ tender : 부드러운
★ contend : 경쟁하다 ★ extend : 잡아 늘이다 ★ pretend : ~인 체하다

169 text (짜인)

교과서(textbook)는 '편집된 책'이라는 뜻이다.

---

textile
[tékstail]

어원 text「짜인」+ile「형접」
[형] 직물의, 짤 수 있는
[명] 직물, 직물의 원료

Their main exports are **textiles**, especially silk and cotton.
그들의 주요 수출품은 직물로, 특히 실크와 면직물을 수출한다.

---

texture
[tékstʃər]

어원 text「짜인」+ure「명접」 ◎ (짜인 것)
[명] 직물, 피륙, 조직, 구성, 결, 감촉, 구조
textural [형] 피륙의, 조직상의

Cotton is coarser in **texture** than silk.
면은 비단보다 감촉이 거칠다.

---

context
[kántekst]

어원 con「함께」+text「짜인」 ◎ (함께 짜인 것)
[명] 문맥, 전후관계, 상황
contextual [형] 문맥상의, 전후관계의

English words can have several meanings depending on **context**.
영어 단어는 문맥에 따라서 여러 가지 뜻을 가진다.

---

pretext
[prí:tekst]

어원 pre「앞에」+text「짜인」
[명] 해명, 변명, 구실
[동] 구실로 삼다

She left the party early on the **pretext** of having work to do.
그녀는 일이 있다는 구실로 파티를 빨리 떠났다.

170 tra(d) (끌다)

tradition은 오래전부터 이어져 온 '전통'이라는 뜻이다.

---

tradition
[trədíʃən]

어원 trad「끌다」 +tion「명접」 ○ (오래전부터 이어져 온 것)
명 전통, 전설
traditional 형 전통적인, 전래의

A lot of the old **traditions** are dying out.
많은 오래된 전통이 사라지고 있다.

---

trait
[treit]

어원 ○ (선조로부터 이어져 온 것)
명 특색, 특성, 특징, 개성

Arrogance is a very unattractive personality **trait**.
거만함은 전혀 매력이 없는 개성이다.

---

traitor
[tréitər]

어원 trad「끌다」 +or「사람」 ○ (적에게 인도하는 사람)
명 반역자, 배반자
traitorous 형 반역죄의, 배반의

The leaders of the rebellion were hanged as **traitors**.
반란의 지도자는 반역자로 교수형에 처해졌다.

---

betray
[bitréi]

어원 be「완전히」 +trad「끌다」 ○ (완전히 적에게 인도하다)
동 배반하다, 폭로하다
betrayal 명 배신 (행위), 폭로

She will never **betray** your trust.
그녀는 당신의 신뢰를 결코 배반하지 않을 것이다.

리트리버(retriever)는 〈re(원래대로) + trie(끌다) + er(것)〉에서 '사냥감을 찾아오는 개'라는 뜻이다.

treaty
[trí:ti]

어원 treat「끌다」+y「명접」 ▶ (마주 당기는 것)

명 조약, 협정, 약속

They concluded the **treaty** with Turkey.
그들은 터키와 조약을 체결했다.

treatment
[trí:tmənt]

어원 treat「끌다」+ment「명접」 ▶ (거래하는 것)

명 처우, 대우, 처리, 치료(법)

treat 통 다루다, 치료하다, 처리하다, 교섭하다

Doctors are trying out a new **treatment** for depression.
의사들은 우울증의 새로운 치료법을 시험적으로 시행하고 있다.

retreat
[ri:trí:t]

어원 re「뒤에」+treat「끌다」 ▶ (뒤로 끌다)

통 후퇴하다, 물러나다, 은퇴하다

명 은퇴, 후퇴, 피난

Gold prices **retreated** after reaching a record price yesterday.
금값은 어제 기록적인 가격을 달성한 후에 하락했다.

treason
[trí:zən]

어원 treat「끌다」+son「명접」 ▶ (적에게 인도하는 것)

명 반역(죄)

treasonable 형 반역의

The politician was executed for **treason**.
그 정치가는 반역죄로 처형당했다.

172 velop, veil (싸다, 덮다)

베일을 벗기다(unveil).

unveil
[ʌ̀nvéil]

어원 un「돌려놓다」+veil「덮다」 ○ (덮는 것을 돌려놓다)
> 통 덮개를 벗기다, 제막식을 거행하다, 비밀을 털어놓다
veil 통 베일을 씌우다, 덮어 감추다

The mayor **unveiled** a statue of the local hero.
시장이 그 지역의 영웅 조각상의 덮개를 벗겼다.

reveal
[rivíːl]

어원 re「원래대로」+veal「덮다」 ○ (덮은 것을 원래의 상태로 돌려놓다)
> 통 폭로하다, 드러내다
revelation 명 폭로, 적발

His letters **reveal** a different side of his personality.
그의 편지는 그의 성격의 다른 면을 드러낸다.

develop
[divéləp]

어원 de「~하지 않다」+velop「싸다」 ○ (싸지 않다)
> 통 발달시키다, 발달하다, 개발하다
development 명 발달, 개발

Chicago **developed** into a big city in the late 1800s.
시카고는 1800년대 후반에 대도시로 발전했다.

envelope
[énvəlòup]

어원 en「안에」+velop「싸다」
> 명 봉투
envelop 통 싸다, 덮어 감추다

She tore open the **envelope** and frantically read the letter.
그녀는 봉투를 찢어서 열어 미친 듯이 편지를 읽었다.

173 grav, grub (파다)

무덤(grave)을 파다.

---

grave
[greiv]

어원 ○ (흙을 파서 만든 것)
- 명 무덤, 묘, 죽음
- 동 파다

He ate and drank himself into an early **grave**.
그는 폭식과 폭음을 하다가 젊어서 죽었다.

---

graveyard
[gréivjà:rd]

어원 grave「무덤」+yard「뜰」
- 명 (공동) 묘지, 폐기물 집하장
- **graveyard shift** 명 (삼교대의) 야간 근무

They visited the **graveyard** where their grandmother was buried.
그들은 할머니가 묻혀 있는 묘지를 방문했다.

---

engrave
[engréiv]

어원 en「안에」+grave「파다」 ○ (안을 파다)
- 동 새기다, 조각하다, 마음에 새기다
- **engraving** 명 조각법, 판화

My name is **engraved** on the gold cup.
내 이름이 그 금 컵에 새겨져 있다.

---

grub
[grʌb]

어원 ○ (땅을 파다, 땅속에 있는 벌레)
- 명 유충, 땅벌레, 구더기
- 동 파내다, 애써 찾아내다
- **grubby** 형 더러운, 구더기가 끓는

The dog was **grubbing** the ground for a bone.
그 개는 뼈를 찾으려고 땅을 파고 있었다.

174 pen, pun (벌하다)

상대팀의 반칙을 벌주기 위한 킥이 '페널티(penalty) 킥' 이다.

punish
[pʌ́niʃ]

어원 pun「벌」+ish「동접」
통 벌주다, 응징하다
punishment **명** 처벌하기, 벌
punitive **형** 징벌의, 형벌의

She was suspended while the school decided how to **punish** her.
그녀는 학교에서 그녀를 처벌할 방법을 결정하는 동안에 정학되었다.

penance
[pénəns]

어원 pun「벌」+ance「명접」
명 회개, 속죄, 고해성사

He fasted five days as **penance**.
그는 속죄로 5일간 단식했다.

impunity
[impjú:nəti]

어원 im「~가 아닌」+pun「벌」+ity「명접」 ○ (벌을 받지 않는 것)
명 형벌을 받지 않음

Those criminals were free to walk the streets with **impunity**.
그 범인들은 형벌을 받지 않고 자유로이 거리를 거닐었다.

penitent
[pénətənt]

어원 pun「벌」+ent「형접」
형 뉘우치는, 회개하는
명 회개자, 참회자

It was obvious that he was trying to look **penitent**.
그가 뉘우치고 있는 것처럼 보이려는 것이 분명했다.

★ penal : 형벌의   ★ repent : 후회하다   ★ pain : 고통
★ pine : 애타게 그리워하다

175 phys (자연)

신체(physical) 능력을 측정하는 체력 검사를 실시하다.

physical
[fízikəl]

어원 phys「자연」+ical「형접」 ◐ (자연의)
형 신체의, 육체의, 물질의, 물리학의
physicality 명 신체적 특징

He suffered years of **physical** abuse.
그는 몇 년 동안이나 육체적인 학대를 받았다.

physics
[fíziks]

어원 phys「자연」+ics「학문」 ◐ (자연을 취급하는 학문)
명 물리학
physicist 명 물리학자

She taught us that the laws of **physics** were absolute.
그녀는 우리에게 물리학 법칙은 절대적인 것이라고 가르쳤다.

physician
[fizíʃən]

어원 phys「자연」+ic「형접」+an「사람」 ◐ (인간의 자연을 취급하는 사람)
명 내과 의사, 의사

My **physician** told me to stop smoking and drinking.
주치의는 금연과 금주를 하라고 내게 말했다.

physiology
[fìziálədʒi]

어원 phys「자연」+logy「학문」 ◐ (생물의 자연을 취급하는 학문)
동 생리학, 생리 기능
physiological 명 생리학상의, 생리적인

He is an expert on the **physiology** of the brain.
그는 뇌생리학 전문가이다.

176 lyze, lysis (풀다)

여러 문제들을 분석하는 애널리스트(analyst)들의 활약이 돋보이다.

dialysis
[daiǽləsis]

어원 dia「통해서」+lysis「풀다」

몡 투석

dialyze 통 투석하다

He has been on **dialysis** for ten years.
그는 10년 동안 투석을 해오고 있다.

analysis
[ənǽləsis]

어원 ana「완전히」+lysis「풀다」 ⊕ (문제를 완전히 해결하는 것)

몡 분석

analyze 통 분석하다

I agree with your **analysis** of the situation.
나는 그 사태에 대한 당신의 분석에 찬성합니다.

paralysis
[pərǽləsis]

어원 para「겨드랑이」+lysis「풀다」

몡 마비, 중풍

paralyze 통 마비시키다

The strike caused total **paralysis** in the city.
그 동맹파업으로 도시 전체가 마비되었다.

breathalyze
[bréθəlàiz]

어원 breath「숨」+alyze「풀다」

통 음주여부를 검사하다

Both drivers were **breathalyzed** at the scene of the accident.
두 운전자는 사고현장에서 음주 검사를 받았다.

연습문제 (131~145)

1 다음의 단어들을 영어로 쓰시오. (단, 주어진 철자로 단어를 시작할 것)

1. 활동(a)   2. 협의 사항(a)   3. 붕대(b)   4. 유대, 결속(b)

5. 경계선(b)   6. 초고, 징병(d)   7. 틀린, 가짜의(f)

8. 기능, 작용(f)   9. 유산, 유물(l)   10. 즐거움(d)

2 다음 문장의 (   ) 안에 들어갈 알맞은 단어를 쓰시오.

1. I thought the work would be difficult. In (   ) fact, it is easy.

    나는 그 일이 어려울 거라고 생각했으나, 실제는 간단합니다.

2. Can you tell me the (   ) time?

    정확한 시간을 가르쳐 주시겠습니까?

3. Our (   ) in New York deals with all US sales.

    뉴욕 대리점에서는 미국 전역 판매품을 취급하고 있습니다.

4. The government is considering a total (   ) on the sale of handguns.

    정부는 총기의 전면적인 판매금지를 생각하고 있다.

5. I can't (   ) meeting him before.

    나는 이전에 그와 만났던 것을 기억해 낼 수 없다.

6. The book is (   ) into ten chapters.

    이 책은 10장으로 나뉘어져 있다.

7. A new system has been (   ) to control traffic in the city.

    도시의 교통을 통제하기 위한 새로운 시스템이 고안되었다.

8. Each (   ) employee was given a bonus.

    종업원 각자에게 보너스가 지급되었다.

9. (   ) a circle in the middle of the paper.

    종이 한가운데에 동그라미를 그리시오.

10. He (   ) his math test yesterday.

    그는 어제 치른 수학 시험에 낙제했다.

3 다음 단어의 뜻을 ⓐ~ⓙ에서 고르시오.

1. bandit	2. bundle	3. council	4. conciliation	5. consulate
6. dividend	7. fallacy	8. fraud	9. junta	10. legation

ⓐ 영사관	ⓑ 사절 파견	ⓒ 강도	ⓓ 조정	ⓔ 배당금
ⓕ 잘못	ⓖ 군사정권	ⓗ 다발	ⓘ 평의회	ⓙ 사기

4 다음 단어를 알맞은 형태로 바꿔서 ( ) 안에 넣으시오.

banish, relegate, activate, adjoin, withdraw, bind, reconcile, enact, delegate, transact

1. The process is (   ) by sunlight.
   그 작용은 햇빛에 의해 반응이 촉진된다.

2. A new law was (   ) to limit the number of the immigrants.
   이주민 수를 제한하는 신법이 제정되었다.

3. They (   ) their business over the phone.
   그들은 전화로 거래를 했다.

4. Napoleon was (   ) to the island of St. Helena in 1815.
   나폴레옹은 1815년에 세인트헬레나 섬으로 유배되었다.

5. The treaty (   ) the two countries to reduce the number of nuclear weapons.
   그 조약은 두 나라가 핵무기 숫자를 감축할 의무를 지운다.

6. He made efforts to (   ) me with my wife.
   그는 나와 아내를 화해시키려고 노력했다.

7. Government troops were forced to (   ).
   정부군은 철수를 강요받았다.

8. A luxury hotel (   ) the convention center.
   호화로운 호텔이 컨벤션 센터에 인접해 있나.

9. Our team was (   ) to a minor league.
   우리 팀은 마이너리그로 내쫓겼다.

10. He job had to be (   ) to an assistant.
    그 일은 조수에게 위임되어야만 했다.

238

연습문제 (146~160)

1 다음 단어의 뜻을 ⓐ~ⓘ에서 고르시오.

1. mine	2. remnant	3. imminent	4. promiscuous	5. pensive
6. perilous	7. empirical	8. rapture	9. omniscient	10. immune

ⓐ 임박한	ⓑ 나머지	ⓒ 박식한	ⓓ 큰 기쁨	ⓔ 위험한
ⓕ 면역의	ⓖ 경험상의	ⓗ 구슬픈	ⓘ 지뢰	ⓙ 뒤섞인

2 다음 단어를 (필요하다면) 알맞은 형태로 바꿔서 ( ) 안에 넣으시오.

recompense, ratify, remain, connect, amuse, meddle, dilute,
disappear, ravish, annex

1. Add some red wine to ( ) the tomato sauce.
   레드 와인을 첨가하여 토마토소스를 묽게 하시오.

2. This trip will always ( ) in my memory.
   이 여행은 내 기억 속에 언제까지나 남아 있을 것입니다.

3. You have no right to ( ) in her affairs.
   당신은 그녀의 일에 간섭할 권리가 없다.

4. Most ski resorts offer activities to ( ) children.
   대부분의 스키 리조트는 아이들을 즐겁게 해줄 활동을 제공하고 있다.

5. Germany ( ) Austria in 1938.
   독일은 1938년에 오스트리아를 합병했다.

6. Home workers are ( ) with the office by the Internet.
   재택근무자는 인터넷으로 회사와 연결되어 있다.

7. By the time of the trial, the tape had mysteriously ( ).
   불가사의하게도, 그 테이프는 재판이 열리는 시점에 맞춰 사라져 버렸다.

8. Even if the defect is unknown to the seller, he has to ( ) the buyer.
   결함이 판매자에게 알려지지 않았다고 하더라도, 판매자는 구매자에게 보상을 해야 한다.

9. He was utterly ( ) by the way she smiled.
   그는 그녀의 미소에 완전히 마음을 빼앗겼다.

10. The US Senate (　　　　　　) the treaty with Mexico.
　미국 상원은 멕시코와 조약을 비준했다.

❸ 다음의 단어들을 영어로 쓰시오. (단, 주어진 철자로 단어를 시작할 것.)

1. 경험(하다)(e)　　2. 광부(m)　　　3. 흔해빠진(c)　　4. 투명한(t)　　5. 전문가(e)

6. 해적(p)　　　7. 합리적인(r)　　8. 의식적인(c)　　9. 역할(r)　　10. 회전, 순번(r)

❹ 다음 문장의 (　) 안에 들어갈 알맞은 단어를 쓰시오.

1. 돌출된 입　(　　　　　　) teeth

2. 저명한 정신과 의사　(　　　　　　) psychiatrist

3. 영구 시민권　(　　　　　　) residence

4. 영어와 일본어의 혼합　(　　　　　　) of English and Japanese

5. 공통의 친구　(　　　　　) friends

6. 시영 공원　(　　　　　) park

7. 유원지　(　　　　　) park

8. 동물 실험　(　　　　　) on animals

9. 급속한 기술 진보　(　　　　　) technological advance

10. 남녀 비율　(　　　　　) of boys to girls

[정답]

❶ 1. ⓘ 2. ⓑ 3. ⓐ 4. ⓙ 5. ⓗ 6. ⓔ 7. ⓖ 8. ⓓ 9. ⓒ 10. ⓕ

❷ 1. dilute 2. remain 3. meddle 4. amuse 5. annexed

　6. connected 7. disappeared 8. recompense 9. ravished 10. ratified

❸ 1. experience 2. miner 3. common 4. transparent 5. expert

　6. pirate 7. rational 8. conscious 9. role 10. rotation

❹ 1. prominent 2. eminent 3. permanent 4. mixture 5. mutual

　6. municipal 7. amusement 8. experiment(s) 9. rapid 10. ratio

연습문제 (161~176)

1 다음의 단어들을 영어로 쓰시오. (단, 주어진 철자로 단어를 시작할 것.)

1. 파벌, 종파(s) 2. 곤충(i) 3. 탐정, 형사(d) 4. 시도, 기획(a) 5. 전설, 전통(t)
6. 조약, 협정(t) 7. 무덤(g) 8. 물리학(p) 9. 내과 의사(p) 10. 분석(a)

2 다음 문장의 해석 부분을 완성하시오.

1. scrape the mud off the shoes (구두에 묻은 진흙을 ☐☐☐☐)
2. scraps of bread (빵 ☐☐)
3. walk at a sedate pace (☐☐☐ 속도로 걷다)
4. install a detectaphone in the wall (벽에 ☐☐ ☐☐☐를 설치하다)
5. reach a tentative agreement (☐☐ 합의에 도달하다)
6. on the pretext of having work to do (일이 있다는 ☐☐로)
7. tear open the envelope (☐☐를 찢어서 열다)
8. suffer years of physical abuse (☐☐☐인 학대를 받다)
9. an expert on the physiology of the brain (뇌☐☐☐ 전문가)
10. scrabble for the light switch (전기 스위치를 ☐☐☐ ☐☐)

3 다음 단어의 뜻을 ⓐ~ⓙ에서 고르시오.

1. segment   2. sedation   3. spouse   4. temptation   5. tendon
6. textile   7. treason   8. penance   9. paralysis   10. graveyard

ⓐ 폐기물 집하장   ⓑ 유혹   ⓒ 건, 힘줄   ⓓ 직물   ⓔ 반역죄
ⓕ 회개   ⓖ 진정 작용   ⓗ 구분   ⓘ 배우자   ⓙ 마비

4 다음 단어를 알맞은 형태로 바꿔서 ( ) 안에 넣으시오.

situate, settle, deserve, protect, tempt, upset, detect, tender, respond, serve

1. Are you being (   ), sir?
   주문하시겠습니까?

2. He said I must have done something bad to (   ) it.

   그는 내가 벌을 받을만한 나쁜 짓을 한 게 틀림없다고 말했다.

3. He arrived an hour late and (   ) all our arrangements.

   그는 1시간 늦게 도착해서 우리의 모든 예정을 망쳐놓았다.

4. I (   ) the bill and left the restaurant.

   나는 요금을 지불하고 레스토랑을 나왔다.

5. The first-class compartment is (   ) at the front of the train.

   일등실은 열차 앞쪽에 있다.

6. He has never (   ) to my letters.

   그는 내 편지에 한 번도 답장을 한 적이 없다.

7. It is the business of the police to (   ) the community.

   지역사회를 지키는 것이 경찰의 일이다.

8. I couldn't (   ) much difference in flavor.

   나는 향의 차이를 잘 알 수가 없었다.

9. He was (   ) to take the day off.

   그는 하루 휴가를 내고 싶었다.

10. She has (   ) her resignation to the Prime Minister.

   그녀는 수상에게 사표를 제출했다.

[정답]

1 1. sect 2. insect 3. detective 4. attempt 5. tradition 6. treaty 7. grave 8. physics 9. physician 10. analysis

2 1. 닦아내다 2. 조각 3. 침착한 4. 전화 도청기 5. 임시 6. 구실 7. 봉투 8. 육체적 9. 생리학 10. 더듬어 찾다

3 1. ⓗ 2. ⑨ 3. ① 4. ⓑ 5. ⓒ 6. ⓓ 7. ⓔ 8. ① 9. ① 10. ⓐ

4 1. served 2. deserve 3. upset 4. settled 5. situated 6. responded 7. protect 8. detect
   9. tempted 10. tendered

Chapter

9

차이를 나타내는 어근

177 phile (좋아하다)

〈소피의 세계(Sophie's world)〉는 어린이들도 이해할 수 있는 쉽고 재미있는 철학소설이다.

xenophile
[zénəfàil]

어원 xeno「외국」+phile「좋아하다」
명 외국인을 좋아하는 사람

He is known as being a **xenophile** and got married to a French woman.
그는 외국인을 좋아하는 사람으로 알려져 있으며 프랑스 여성과 결혼했다.

cinephile
[sínəfàil]

어원 cine「영화」+phile「좋아하다」
명 영화를 좋아하는 사람

He is a **cinephile** and sees a movie more than ten times every month.
그는 영화를 좋아해서 매달 10편 이상 본다.

oenophile
[íːnəfàil]

어원 oeno「와인」+phile「좋아하다」
명 와인 애호가

He knows a lot about wine and he is so-called an **oenophile**.
그는 와인에 대해서 많이 알고 있는, 이른바 와인 애호가이다.

philter
[fíltər]

어원 phil「좋아하다」+ter「~하는 것」 ○ (좋아하게 되는 것)
명 미약, 춘약, 마법의 약

Lucy took the **philter** and fell asleep.
루시는 미약을 먹고 잠들었다.

★ philosophy : 철학   ★ philology : 언어학
★ philanthropist : 박애주의자   ★ Anglophile : 영국을 좋아하는 사람

178 phobia (싫어하다)

광장공포증(agoraphobia)은 사람들이 모이는 장소가 무서워서 도망치고 싶어 하는 병이다. 아고라(agora)는 고대 그리스의 '시장'이라는 뜻이다.

phobia
[fóubiə]

어원 phobia「싫어하다」
몡 공포증, 병적인 혐오

He has a **phobia** about flying.
그는 비행공포증이 있다.

xenophobia
[zènəfóubiə]

어원 xeno「외국인」+phobia「싫어하다」
몡 외국인 혐오증, 외래인 공포증

We should reject **xenophobia** and racism.
우리는 외국인 혐오증과 인종차별을 거부해야 한다.

acrophobe
[ǽkrəfòub]

어원 acro「높은」+phobe「싫어하는 사람」
몡 고소공포증이 있는 사람
acrophobia 몡 고소공포증

He can't ride a Ferris Wheel, because he's an **acrophobe**.
그는 고소공포증이 있어 회전관람차를 탈 수 없다.

claustrophobia
[klɔ̀ːstrəfóubiə]

어원 claustro「열쇠」+phobia「싫어하다」 ◎ (열쇠를 잠근 좁은 장소를 싫어하다)
몡 폐쇄공포증, 밀실공포증
claustrophobic 톙 폐쇄공포증의

She can't stay in this room for a long time because of her **claustrophobia**.
그녀는 폐쇄공포증이 있기 때문에 오랜 시간 이 방에 머물 수가 없다.

179 bene, bona (좋은)

bon appetite(좋은 식욕)는 '많이 드세요' 라는 뜻이다.

beneficiary
[bènəfíʃièri]

어원 bene「좋은」+fic「행하다」+ary「총칭」 ◎ (좋은 일을 한 것에 대한 보수)
명 이익을 받은 사람, 수혜자, (연금 따위의) 수령인

Rich people were the main **beneficiaries** of the tax cuts.
부유층은 감세의 주요 수혜자이다.

benign
[bináin]

어원 ben「좋은」+ign「태어나다」 ◎ (태생이 좋은)
형 양성의, 상냥한, 온화한
malignant **형** 악성의

It wasn't cancer, only a **benign** tumor.
그것은 암이 아닌 단순한 양성 종양이었다.

bona fide
[bóunə fáidi]

어원 bona「좋은」+fide「신용」
형 선의를 가지고, 진실의
bona fides **명** 선의, 성의

We are happy to donate to **bona fide** charitable causes.
우리는 선의를 가진 자선 복지에 기부를 할 수 있어서 기쁘다.

bonanza
[bənǽnzə]

어원 bon「좋은」+anza「날씨」 ◎ (생각지도 못했던 좋은 날씨)
형 노다지, 뜻밖의 행운

Last year was a **bonanza** year for the computer industry.
작년은 컴퓨터 산업에 있어서는 크게 호황인 해였다.

★ benediction : 축복　★ beneficial : 유익한　★ benefactor : 은인
★ benevolent : 호의적인

180 circ, circum (주위)

포크 댄스 서클(circle)에 가입하다.

circumspect
[sə́ːrkəmspèkt]

어원 circum「주위」+spect「보다」 ● (주위를 보다)
형 조심성 있는, 신중한, 심사숙고한

The banks should have been more **circumspect** in their dealings.
은행들은 더욱 신중하게 거래했어야 했다.

circumvent
[sə̀ːrkəmvént]

어원 circum「주위」+vent「오다」 ● (주위에서 들어오다)
동 책략에 빠뜨리다, 기만하다
circumvention 명 계략에 빠뜨리기

Don't try to **circumvent** the law.
법률을 기만해서는 안 된다.

circumnavigate
[sə̀ːrkəmnǽvəgèit]

어원 circum「주위」+navi「배」+ate「동접」 ● (배로 일주하다)
동 (배로 세계를) 일주하다
circumnavigation 명 (배로 세계를) 일주하는 것

They **circumnavigated** the globe in 80 days.
그들은 80일 안에 세계 일주를 했다.

circumscribe
[sə̀ːrkəmskráib]

어원 circum「주위」+scribe「쓰다」 ● (주위에 선을 긋다)
동 제한하다, 테두리 속에 넣다
circumscription 명 한계

The power of the monarchy was **circumscribed** by the new law.
군주의 권력은 신법에 의해 제한되었다.

★ circulate : 순환하다   ★ circumstance : 사정   ★ circumference : 주위
★ encircle : 둘러싸다

181 homo (같은)

동성애는 homosexual이다. 생각하는 동물, 즉 인간을 호모 사피엔스(homo sapiens)라고 부른다.

homogeneous
[hòumədʒí:niəs]

어원 homo「같은」+gen「태어나다」+ous「형접」
형 동종의, 동질의
homogeneity 명 동종, 동질

The employees were a **homogeneous** group.
그 종업원들은 동질 그룹에 있다.

homonym
[hámənìm]

어원 homo「같은」+nym「이름」 ○ (같은 소리를 가진 것)
명 동음이의어 (= homograph)

The noun "bear" and the verb "bear" are **homonyms**.
명사인 bear(곰)와 동사인 bear(견디다)는 동음이의어이다.

homophone
[háməfòun]

어원 homo「같은」+phone「소리」 ○ (같은 소리를 가진 것)
명 이형 동음이의어(발음은 같지만 철자와 의미가 다른 낱말)

"Bear" and "bare" are **homophones**.
bear와 bare는 이형 동음이의어이다.

homologous
[həmáləgəs]

어원 homo「같은」+logos「비율」+ous「형접」
형 (구조, 성질 따위가) 일치하는, 동족의, 상동의

The seal's flipper is **homologous** with the human arm.
바다표범의 물갈퀴는 인간의 팔과 상동기관이다.

182 photo (빛)

photograph는 〈photo(빛) + graph(그림)〉에서 '빛을 이용해 그림의 형태를 나타낸 것'이라는 뜻이 된다.

---

photocopy
[fóutoukàpi]

어원 photo「빛」 +copy「복사하다」
- 동 복사하다
- 명 (서류 등의) 복사

I hate to spend most of the day **photocopying**.
나는 서류 복사로 하루의 대부분을 낭비하는 것을 싫어한다.

---

photochemical
[fòutoukémikəl]

어원 photo「빛」 +chemical「화학의」
- 형 광화학의

The **photochemical** reactions transform the light into electrical impulses.
광화학 반응은 빛을 충격전류로 바꾼다.

---

photogenic
[fòutədʒénik]

어원 photo「빛」 +gen「태어나다」 +ic「형접」
- 형 사진이 잘 받는

His daughter Alice is very **photogenic**.
그의 딸 앨리스는 매우 사진을 잘 받는다.

---

photophobia
[fòutəfóubiə]

어원 photo「빛」 +phobia「싫어하다」
- 명 광선 공포(증)

I have had **photophobia** since I was a child.
나는 어린 시절부터 광선공포증이 있다.

183 anthropos (인류)

피테칸트로푸스 에렉투스(Pithecanthropus erectus) = 직립원인이다.

---

philanthropy
[filǽnθrəpi]

어원 phil「좋아하다」+anthrop「인류」 ◯ (사람이 좋은)
명 박애(주의), 자선, 인류애
philanthropist **명** 박애주의자

The scholar is well known for his **philanthropy**.
그 학자는 박애주의로 유명하다.

---

anthropology
[æ̀nθrəpάlədʒ]

어원 anthrop「인류」+logy「학문」
명 인류학, 문화인류학, ((신학·철학)) 인간학

My major at college is **anthropology**.
나의 대학 전공은 인류학이다.

---

misanthropy
[misǽnθrəpi]

어원 mis「없는」+anthrop「인류」
명 인간혐오, 인간불신, 염세

Misanthropy doesn't necessarily imply an anti-social attitude toward humanity.
misanthropy(염세)란 반드시 인간에 대한 반사회적인 태도를 의미하는 것은 아니다.

---

anthropoid
[ǽnθrəpɔ̀id]

어원 anthrop「인류」+oid「닮은」
형 유인의, 인류 비슷한, (사람이) 원숭이를 닮은

Several specimens of small **anthropoid** apes were discovered in this area.
작은 유인원 표본 몇 가지가 이 지역에서 발견되었다.

184 gastro (위)

영국에서 유행중인 gastropub은 맛있는 요리를 내놓는 고급 술집이다.

---

gastritis
[gæstráitis]

어원 gastr「위」+ritis「염증」

명 위염

My father is suffering from **gastritis**.
아버지는 위염을 앓고 계신다.

---

gastronomy
[gæstránəmi]

어원 gastro「위」+nomy「관리」

명 미식법, 독특한 요리법, 요리학

gastronome 명 미식가, 식도락가

This section is considered a major center of **gastronomy**.
이 구역은 미식의 주요 중심지로 여겨진다.

---

gastric
[gæstrik]

어원 gastr「위」+ic「형접」

형 위의

He suffered from diabetes and **gastric** ulcers.
그는 당뇨병과 위궤양을 앓고 있다.

---

gastropod
[gæstrəpàd]

어원 gastro「배」+pod「발」 ◐ (배에 다리가 있다)

형 복족류 동물의

명 복족류의 동물

Snails and slugs are called **gastropod**.
달팽이와 괄태충은 복족류라고 불린다.

혈액 중의 헤모글로빈은 산소를 온몸 구석구석으로 운반한다.

---

hemophiliac
[hi:məfíliæk]

어원 hemo「피」+ phili「좋아하다」+ ac「형접」
형 명 혈우병 환자(의)
hemophilia 명 혈우병

Many **hemophiliacs** contracted the AIDS virus through a blood transfusion.
많은 혈우병 환자들이 수혈로 에이즈 바이러스에 감염되었다.

---

hemorrhoid
[hémərɔ̀id]

어원 hemo「피」+ rhoid「흐르다」 ⊙ (항문에 피가 흐르다)
명 치질

I'm suffering from **hemorrhoids** and I can't sit on a chair properly.
나는 치질이 있어 의자에 제대로 앉을 수가 없다.

---

hemorrhage
[héməridʒ]

어원 hemo「피」+ rhage「파열하다」
명 대량 출혈, 유출
동 대량으로 출혈하다, 유출하다

He was checked for any signs of **hemorrhage**.
그는 대량 출혈 징후로 검사를 받았다.

---

hemostat
[hí:məstæt]

어원 hemo「피」+ stat「멈추다」
명 지혈제, 지혈겸자

A **hemostat** is a surgical tool which resembles a set of scissors.
지혈겸자는 가위와 비슷한 외과 수술도구이다.

186 neur, nerv (신경)

노이로제(neurosis)는 정신장애의 일종이다.

nerve
[nəːrv]

어원 nerve「신경」
몡 신경, 용기
nervous 휑 신경질적인, 신경의

I don't have the **nerve** to speak in public.
나는 대중 앞에서 말할 용기가 없다.

neurotic
[njuərátik]

어원 neuro「신경」+tic「형접」
휑 신경증의, 노이로제의
몡 신경증 환자

She became **neurotic** about keeping the house clean.
그녀는 집을 깨끗이 유지하는 것에 신경과민이 되었다.

neuralgia
[njuərǽldʒə]

어원 neur「신경」+algia「통증」
몡 신경통

She is suffering from **neuralgia**.
그녀는 신경통을 앓고 있다.

neuritis
[njuəráitis]

어원 neur「신경」+ritis「염증」
몡 신경염
neurosis 몡 노이로제, 신경증

He is suffering from **neuritis**.
그는 신경염을 앓고 있다.

187 oral (입의)

듣기와 말하기가 중점인 오럴(oral) 커뮤니케이션을 영어로 진행하다.

oratorical
[ɔ̀:rətɔ́:rikəl]

어원 ora「입의」+ical「형접」
형 연설의, 웅변의
orator 명 연설자
orate 통 연설하다

He participated in an **oratorical** contest.
그는 웅변대회에 참가했다.

oracle
[ɔ́(:)rəkəl]

어원 ○ (신을 대신해 말하는 사람)
명 권위, 현인, 신탁

My father's the **oracle** on investment matters.
아버지는 투자에 권위가 있다.

adore
[ədɔ́:r]

어원 ad「~쪽으로」+ore「입」 ○ (말하다)
통 숭배하다, 경애하다, 무척 좋아하다
adoration 명 숭배
adorable 형 숭배할 만한, 사랑스러운

She seems to **adore** working with children.
그녀는 아이들과 함께 일하는 것을 무척 좋아하는 것처럼 보인다.

inexorable
[inéksərəbəl]

어원 in「~가 아닌」+ex「밖에」+ora「입」+ble「할 수 있는」 ○ (입에 담을 수 없을
정도의)
형 가차 없는, 냉혹한, 변경을 허락지 않는
inexorably 부 냉혹하게, 가차 없이

The rate of unemployment seems rising **inexorably**.
실업률은 가차 없이 상승하고 있는 것처럼 보인다.

188 fili (아이)

어필리에이트(affiliate)란 블로그에 기업의 광고를 게재 → 블로그 이용자가 그 광고를 클릭하여 물건을 구입 → 기업이 블로그 주인장에게 보수를 지불하는 시스템을 말한다.

filial
[fíliəl]

어원 fili「아이」+al「형접」
형 자식의, 자식다운

The father accused his son of neglecting his **filial** duties.
아버지는 아들에게 자식으로서의 본분을 소홀히 하는 것을 책망했다.

filiate
[fílièit]

어원 fili「아이」+ate「동접」
동 아이의 아버지를 정하다

The court **filiated** the child born out of the wedlock.
법원은 사생아의 아버지를 정했다.

affiliate
[əfílièit]

어원 a(f)「~쪽으로」+fili「아이」+ate「동접」, ◎ (아이로 삼다)
동 제휴시키다, 제휴하다, 가입하다, 합병하다
affiliation 명 가맹, 가입, 제휴

The hospital is **affiliated** with the local university.
그 병원은 지역 대학과 제휴하고 있다.

disaffiliate
[dìsəfílièit]

어원 dis「~가 아닌」+affiliate「제휴하다」
동 제명하다, 탈퇴하다, 관계를 끊다

The local club has **disaffiliated** from the National Athletic Association.
그 지역 클럽은 국가 스포츠 협회에서 탈퇴했나.

189 luna (달)

달의 여신은 루나이다.

---

lunatic
[lú:nətik]

어원 luna「달」+tic「형접」 ◎ (달의 차고 기움에 의해 미친다고 여긴 것에서)
형 정신 이상의, 엉뚱한, 미치광이 같은
명 정신 이상자

He is always driving like a **lunatic**.
그는 언제나 미치광이처럼 운전한다.

---

lunar
[lú:nər]

어원 luna「달」+ar「형접」
형 달의, 달과 같은, 초승달 모양의, 푸르스름한
lunate 형 초승달 모양의

The astronauts returned from the moon with **lunar** rocks.
우주 비행사들은 달의 암석을 가지고 달에서 돌아왔다.

---

lunacy
[lú:nəsi]

어원 luna「달」+cy「명접」
명 정신 이상, 정신 착란, 바보짓, 미친 짓

It was sheer **lunacy** spending all that money.
돈을 전부 쓰다니 완전히 미친 짓이었다.

---

perilune
[pérəlù:n]

어원 peri「주위에」+lun「달」 ◎ (달 주위에)
명 (천문) 근월점
perihelion 명 (천문) 근일점

A **perilune** is the point in the orbit of an object when it is closest to the moon surface.
근월점은 궤도상의 물체가 달의 표면에 가장 근접한 점을 말한다.

190 noct, nox (밤)

야상곡은 녹턴(nocturne)이라고도 한다.

nocturnal
[nɑktə́:rnl]

어원 noct「밤」+nal「형접」 ○ (밤의)
형 야행성의

The owl is a **nocturnal** creature.
부엉이는 야행성 동물이다.

equinox
[íːkwənɑ̀ks]

어원 equi「같은」+noct「밤」 ○ (낮과 밤의 길이가 같은 날)
명 주야평분시, 춘분, 추분; 분점

The autumnal **equinox** falls on September 22.
추분은 9월 22일에 해당된다.

noctambulist
[nɑktǽmbjəlist]

어원 noct「밤」+ambl「떠돌다」+ist「사람」
명 몽유병자

The **noctambulist** is someone who walks about in their sleep.
몽유병자란 잠을 자면서 걸어 다니는 사람을 말한다.

nocturia
[nɑktúːriə]

어원 noct「밤」+uri「urinate 소변」
명 (밤중의) 빈뇨

Nocturia is more likely to occur as people get older.
밤중의 빈뇨는 나이가 듦에 따라 발생하기 쉽다.

191 umbr, umber, omber (그늘)

우산(umbrella)은 '작은 그늘' 이라는 뜻에서 왔다.

---

somber
[sámbər]

어원 so「sub 밑에」+ombre「그늘」 ❍ (그늘 밑)
휑 어두컴컴한, 음산한, 우울한

She was in a **somber** mood.
그녀는 우울한 기분이었다.

---

umbrage
[ʌ́mbridʒ]

어원 umber「그늘」+age「명접」 ❍ (그늘의 윤곽) ❍ (의심스러운)
명 노여움, 분개, 불쾌한 기분

She took **umbrage** at his remarks.
그녀는 그의 비평에 분개했다.

---

adumbrate
[ǽdʌmbreit]

어원 ad「~쪽으로」+umber「그늘」+ate「동접」
통 예시하다, 윤곽을 묘사하다
adumbration 명 어렴풋한 윤곽, 예시

The project's objectives were **adumbrated** in the report.
그 계획의 목적은 리포트에 암시되어 있다.

---

umber
[ʌ́mbər]

어원 ❍ (그늘이 있는 흙에서)
명 엄버, 암갈색, 어두운 적갈색

Umber is a natural brown pigment which contains iron and manganese oxides.
엄버(umber)는 철과 산화마그네슘을 포함한 천연 암갈색을 띤 안료이다.

192 ova, ovu (알)

테니스에서 0점을 말하는 러브(love)란 '알' 이라는 의미에서 왔다.

oval
[óuvəl]

어원 ova「알」+al「형접」
형 계란 모양의, 타원형의
명 난형, 타원형
Oval Office 명 백악관의 대통령 집무실

Her eyes were large **ovals**.
그녀의 눈은 큰 타원형이다.

ovum
[óuvəm]

어원 ⊙ (둥근 형태)
명 알, 난자, 알 모양의 장식
ova 명 ovum의 복수형

If two **ova** are fertilized at the same time, the mother will have twins.
만약 두 개의 난자가 동시에 수정된다면, 어머니는 쌍둥이를 낳게 된다.

ovulation
[òuvjuléiʃən]

어원 ovul「알」+ate「동접」+ion「명접」⊙ (알을 만드는 것)
명 배란
ovulate 동 배란하다

By noticing these changes, the woman can tell when the **ovulation** is about to occur.
여성이 이 변화들을 인지함으로써 배란이 언제 일어날지를 알 수 있다.

ovarian
[ouvέəriən]

어원 ⊙ (둥근 것의 소유자)
형 난소의, 씨방의
ovary 명 난소, 씨방

She had an operation for **ovarian** cancer yesterday.
그녀는 어제 난소암 수술을 받았다.

193 plat (평평한)

플랫폼(platform)은 평평한 모양이란 뜻이다.

platitude
[plǽtətjùːd]

어원 plat「평평한」+tude「명접」
명 상투 용어, 평범한 말
platitudinous 형 평범한, 진부한

Politicians speak **platitude** about lowering taxes.
정치가는 감세에 관해서는 진부한 말만 한다.

plateau
[plætóu]

어원 ○ (평평한 것)
명 고원, 정체 상태
동 정체기에 들어가다

Inflation has reached a **plateau**.
인플레이션은 정체 상태에 달했다.

platter
[plǽtər]

어원 ○ (평평한 것)
명 큰 접시

She put the **platter** holding the roast beef on the table.
그녀는 쇠고기 구이를 얹은 큰 접시를 테이블 위에 놓았다.

platypus
[plǽtipəs]

어원 plat「평평한」+pus「다리」 ○ (평평한 다리를 가진 동물)
명 오리너구리(= duckbill)

Platypuses lay eggs but give milk to their young.
오리너구리는 알을 낳지만, 새끼에게 젖을 먹인다.

194 poly (다수의)

폴리네시아(Polynesia)란 많은 섬이 있는 곳이란 뜻이다.

polyglot
[páliglàt]

어원 poly「다수의」+glot「혀」
형 다언어를 할 수 있는
명 다언어를 할 수 있는 사람

New York is an exciting **polyglot** city.
뉴욕은 재미있는 다언어 도시이다.

polygamist
[pəlígəmist]

어원 poly「다수의」+gam「결혼」+ist「사람」
명 일부다처[주의]자
polygamy 명 일부다처

He is a **polygamist** with five wives.
그는 5명의 아내를 가진 일부다처자이다.

polygon
[páligàn]

어원 poly「다수의」+gon「각」
명 다각형
polygonal 형 다각형의

A **polygon** is a geometric figure such as a triangle, rectangle, or pentagon.
다각형이란 삼각형, 사각형, 오각형 등의 기하학적인 형태를 말한다.

polyclinic
[pàliklínik]

어원 poly「다수의」+clinic「병원」
명 종합병원, 종합 진료소

My father works for a **polyclinic** in Busan.
우리 아버지는 부산의 종합병원에서 일하신다.

195 code (사본)

코드 넘버(code number)는 '비밀 번호'. code는 '법전, 규약, 부호' 라는 뜻이다.

---

decode
[di:kóud]

어원 de「~하지 않다」+code「암호」 ○ (암호를 없애다)
통 (암호 등을) 해독하다, 풀다
decoder 명 해독기, 디코더

The allies were able to **decode** many enemy messages.
연합군은 적의 많은 메시지를 해독할 수 있었다.

---

encode
[enkóud]

어원 en「~로 하다」+code「암호」 ○ (부호로 하다)
통 부호화하다, 암호문으로 바꾸어 쓰다
encoder 명 부호기

It **encodes** the overthrow of the Goddess-centered world.
그것은 여신 중심 세계의 전복을 부호화한 것이다.

---

codify
[kádəfài]

어원 code「암호」+ify「통접」 ○ (사본으로 하다)
통 성문화하다, 법전으로 편찬하다
codification 명 법전, 규약 따위의 성문

The agreement must be **codified** by federal legislation.
그 협정은 연방 의회에 의해 성문화 되어야만 한다.

---

codicil
[kádəsil]

어원 ○ (판에 베낀 것)
명 유언 보충서, 추가 조항

Do not try to prepare a **codicil** without professional legal advice.
전문가에 의한 법적인 조언 없이 유언 보충서를 준비해서는 안 된다.

범인은 criminal이다.

disciminate
[dìskrímənèit]

어원 dis「떨어져서」+crim「판단」+ate「동접」
동 구별하다, 차별대우하다, 식별하다
discrimination 명 구별, 차별대우
discriminative 형 특색이 있는, 차별적인

It is illegal to **discriminate** against minorities and women.
소수민족과 여성을 차별대우하는 것은 위법이다.

recrimination
[rikrìmənéiʃən]

어원 re「뒤에」+crim「판단」+tion「명접」 ○ (부정적으로 판단하는 것)
명 비난, 맞고소
recriminatory 명 되받아 비난하는
recriminate 동 되받아 비난하다

They spent the rest of the afternoon in mutual **recrimination**.
그들은 남은 오후를 서로 비난하며 보냈다.

incriminate
[inkrímənèit]

어원 in「안에」+crim「범죄」+ate「동접」 ○ (범죄 안에 들어가다)
동 죄를 씌우다, 고발하다, ~을 연루시키다
incriminatory 형 죄를 씌우는

These tapes will **incriminate** a number of well-known politicians.
많은 유명 정치인들이 이 테이프들로 인해 고발될 것입니다.

decriminalize
[dì:krímənəlàiz]

어원 de「떨어져서」+criminal「범죄의」+ize「동접」
동 처벌[기소] 대상에서 제외하다, 해금하다
decriminalization 명 해금

There are moves to **decriminalize** some soft drugs.
몇 가지 약한 마약을 기소 대상에서 제외하려는 움직임이 있다.

197 liter (문자)

대문자는 capital letter, 소문자는 small letter이다.

illiteracy
[ilítərəsi]

어원 i(l)「~가 아닌」 +liter「문자」 +acy「명접」 ◎ (문자를 읽을 수 없는 것)
명 문맹, 무학
illiterate 형 문맹의, 무학의
illiteracy 명 문맹, 무학

In the rural areas, **illiteracy** is widespread.
시골 지역에서는 문맹이 일반적이다.

obliterate
[əblítərèit]

어원 ob「위에」 +liter「문자」 +ate「동접」 ◎ (위에 써 넣다)
통 (완전히) 지우다, 흔적을 말소하다
obliteration 명 말소, 제거

The snow had **obliterated** their footprints.
눈이 그들의 발자국을 완전히 지우고 말았다.

transliterate
[trænslítərèit]

어원 trans「넘어서」 +liter「문자」 +ate「동접」
통 다른 나라 글자로 바꾸어 쓰다
transliteration 명 다른 나라의 글자로 바꾸어 쓰기, 음역

The Greek place names have been **transliterated** into the Latin alphabet.
그리스어로 된 장소의 이름이 라틴어의 알파벳으로 바뀌어 쓰여 있다.

alliteration
[əlìtəréiʃən]

어원 a(l)「~쪽으로」 +liter「문자」 +tion「명접」 ◎ (머리에서 문자를 일치시키다)
명 두운법(시구의 첫머리에 같은 음을 되풀이하여 쓰는 수사법)

The sentence, "Care killed the cats" uses **alliteration**.
"Care killed the cats"라는 문장은 두운법을 사용하고 있다.

198 bolic (던지다)

symbol은 〈sym(함께) + bole(던져진)〉이라는 뜻에서 왔다.

anabolic
[ǽnəbálik]

어원 ana「완전히」+bol「던지다」+ic「형접」 ◎ (몸속으로 던져진)
형 동화작용의, 동화작용에 의한
anabolism 명 동화작용

He was deprived of his gold medal for taking **anabolic** steroid.
그는 근육 증강제를 사용해서 금메달을 박탈당했다.

metabolic
[mètəbálik]

어원 meta「변화」+bol「던지다」+ic「형접」 ◎ (변화하듯이 던져진)
형 신진대사의, 대사 작용의
metabolism 명 신진대사
metabolize 통 신진대사시키다

Exercise can increase your **metabolic** rate.
운동으로 신진대사율을 높일 수 있다.

parabola
[pərǽbələ]

어원 para「옆에」+bola「던져진 것」
명 포물선, 파라볼라 안테나
parabolic 형 포물선의

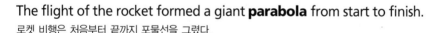

The flight of the rocket formed a giant **parabola** from start to finish.
로켓 비행은 처음부터 끝까지 포물선을 그렸다.

hyperbole
[haipə́:rbəlì:]

어원 hyper「넘어서」+bole「던져진 것」
명 과장(법)
hyperbolic 형 과장된
hyperbola 명 쌍곡선

It was not **hyperbole** to call it the worst storm in twenty years.
과거 20년 동안에 가장 끔찍한 폭풍우라고 해도 과장이 아니었다.

199 cub, cumb (눕다)

recumbent는 〈re(뒤에) + cumb(눕다) + ent(형))〉에서 '누워서 움직이는 자전거' 라는 뜻이 된다.

---

incubate
[ínkjəbèit]

어원 in「안에」+cub「눕다」+ate「동접」
통 부화하다(시키다), 배양하다, 계획을 짜다
incubation 명 (인공) 부화, 배양, 잠복(기)

Birds **incubate** eggs by sitting on them.
새는 알 위에 앉아서 알을 부화시킨다.

---

encumber
[enkʌ́mbər]

어원 en「안에」+cumb「눕다」
통 방해하다, (빚, 채무를) 지우다
encumbrance 명 방해물, 귀찮은 것, 짐이 되는 존재, 재산상의 부담

He was **encumbered** with the debts of over one million dollars.
그는 백만 달러 이상의 빚을 지고 있다.

---

succumb
[səkʌ́m]

어원 sub「밑에」+cumb「눕다」 ◐ (상대방 앞에서 눕다)
통 지다, 굴복하다, 죽다

She **succumbed** to temptation and had a second serving of cake.
그녀는 유혹에 져서 두 개째 케이크를 먹었다.

---

cumbersome
[kʌ́mbərsəm]

어원 cumb「눕다」+some「형접」 ◐ (누워 있는)
형 번거로운, 성가신, 다루기 어려운
cumber 통 부담을 주다 명 방해(물)

The system is **cumbersome** and bureaucratic.
그 방법은 번거로운데다 관료적이다.

200 par(l) (이야기를 나누다)

응접실(parlor)에서 즐겁게 이야기를 나누다.

---

parlor
[pá:rlər]

어원 parl「말하다」+or「장소」
명 응접실, 휴게실, 가게, 담화실

I showed her into the **parlor**.
나는 그녀를 응접실로 안내했다.

---

parley
[pá:rli]

어원 ○ (서로 이야기 한 것)
명 토의, 협의
통 담판하다, 교섭하다

I don't think you've ever tried **parleying** with Bill.
나는 네가 지금까지 빌과 협의한 적이 없다고 생각한다.

---

parliament
[pá:rləmənt]

어원 parl「이야기를 나누다」+ment「명접」 ○ (이야기를 나누는 것)
명 회의, (영국의) 국회
parliamentary 형 의회의

Elections for the European **parliament** are set for late next year.
유럽 의회 선거는 내년 후반으로 정해져 있다.

---

parole
[pəróul]

어원 ○ (서로 이야기를 해서 정해진 것)
명 선서, 가석방
parolee 명 가석방자

She was released on **parole** after serving three years.
그녀는 3년간 복역한 후, 가석방되었다.

연습문제 (177~200)

1 다음 단어의 뜻을 ⓐ~ⓙ에서 고르시오.

1. xenophile 2. acrophobia 3. bona fides 4. homonym 5. misanthropy
6. gastritis 7. lunacy 8. platypus 9. alliteration 10. hyperbole

ⓐ 과장법   ⓑ 고소공포증   ⓒ 동음이의어   ⓓ 인간 혐오   ⓔ 두운   ⓕ 오리너구리
ⓖ 위염   ⓗ 정신이상   ⓘ 외국인을 좋아하는 사람   ⓙ 선의

2 다음 문장의 해석 부분을 완성하시오.

1. main beneficiaries of the tax cuts (감세의 주요 ☐☐☐)
2. benign tumor (☐☐ 종양)
3. photochemical reactions (☐☐☐ 반응)
4. major center of gastronomy (☐☐의 큰 중심지)
5. suffer from gastric ulcers (☐☐☐을 앓다)
6. suffer from hemorrhoids (☐☐이 있다)
7. suffer from neuralgia (☐☐☐을 앓다)
8. participate in an oratorical contest (☐☐대회에 참가하다)
9. neglect one's filial duties (☐☐으로서의 본분을 태만히 하다)
10. nocturnal creature (☐☐☐ 동물)

3 다음의 단어들을 영어로 쓰시오.

1. 신경 2. 숭배하다 3. 달의 4. 철학 5. 차별하다 6. 의회 7. 응접실, 휴게실
8. 사진이 잘 받는 9. 광선 공포 10. 타원형의

4 다음 문장의 해석 부분을 완성하시오.

1. autumnal equinox (☐☐)
2. in a somber mood (☐☐한 기분으로)
3. reach a plateau (☐☐상태에 달하다)
4. exciting polyglot city (재미있는 ☐☐☐ 도시)
5. decode many enemy messages (적의 많은 메시지를 ☐☐하다)
6. increase one's metabolic rate (☐☐☐☐☐율을 높이다)

7. homogeneous group (□□ 그룹)

8. reject xenophobia and racism (□□□ □□□과 인종차별을 거부하다)

9. circumnavigate the glove in 80 days (80일 안에 세계 □□를 하다)

10. several specimens of small anthropoid apes (작은 □□□ 표본 몇 가지)

·
·
·

You
can
do
it!

Index

색인

이 책의 찾아보기(Index, 색인)는 알파벳순으로 배열하였으며, 각 단어를 찾는 방법은 페이지에 의존하지 않고 어원 꾸러미 단위로 나눈 번호를 중시하였으므로 색인을 활용할 때 착오가 없길 바란다. 이 책에서 다룬 표제어 및 파생어, 어근의 해설을 위해 등장한 단어를 수록했다. 단어 뒤의 숫자는 어근에 매겨진 1~200까지의 번호를 나타낸다.

A

abet 2
ablution 146
aboard 1, 77
abolish 117
abolition 117
abominable 54
abominate 54
abomination 54
aboveboard 77
abridge 1
abridgement 1
abroad 1
accrual 121
accrue 121
accusation 2
accuse 2
achieve 65
achievement 65
acrophobe 178
acrophobia 178
activate 131
activated 131
activity 131
actual 131
actuality 131
actually 131
acuity 72
acumen 72
acupressure 72
acupuncture 72
acupuncturist 72
acute 72
adjoin 142
adjoining 142
adolescence 117
adolescent 117

adorable 187
adoration 187
adore 187
adumbrate 191
adumbration 191
affiliate 188
affiliation 188
afforest 83
afforestation 83
affront 85
aflame 48
agency 133
agenda 133
agent 133
agile 133
agility 133
agitate 133
agitation 133
agrarian 39
agricultural 39
agriculture 39
agronomy 39
agro-tourism 39
ahead 1
akin 52
albatross 73
albino 73
albumen 73
alliteration 197
allot 1
allotment 1
allure 1
alma mater 71
alpine 73
altimeter 29
alumni 117
alumnus 117
amaze 1

amazement 1
amazing 1
ambush 42
ameliorate 27
amelioration 27
amuse 151
amusement park 151
amusing 151
anabolic 198
anabolism 198
analysis 176
analyze 176
Anglophile 177
animosity 63
annex 152
annexation 152
anthropoid 183
anthropology 183
antibiotic 120
apathy 125
appall 2
appalling 2
apparent 153
apparently 153
apparition 153
appear 153
appeasable 110
appease 110
apportion 111
apportionment 111
arbor 40
arboreal 40
arboretum 40
arrest 2
ashore 1
associate 115
association 115
astonish 60